Martin Breutigam

Todesküsse am Brett

140 Rätsel und Geschichten der Schachgenies von heute

Martin Breutigam

Todesküsse am Brett

140 Rätsel und Geschichten der Schachgenies von heute

VERLAG DIE WERKSTATT

Weitere Schachrätsel von Martin Breutigam:

Damen an die Macht.
Rätsel und Geschichten aus der Welt des Schachs
ISBN:
978-3-7307-0596-4
14,90 €

Himmlische Züge.
Neue Rätsel und Geschichten aus der Welt der Schachgenies
ISBN:
978-3-7307-0087-7
Sonderpreis: 5 €

Bibliografische Information der Deutschen Nationalbibliothek:
Die Deutsche Nationalbibliothek verzeichnet diese Publikation in der Deutschen Nationalbibliografie; detaillierte bibliografische Daten sind im Internet über http://dnb.dnb.de abrufbar.

E-Book: ISBN 978-3-89533-806-9

7. Auflage 2025

Siekerwall 21, D-33602 Bielefeld
www.werkstatt-verlag.de

Gesamtherstellung: Die Werkstatt Medien-Produktion GmbH, Göttingen
Druck & Bindung: CPI, Leck

FSC
www.fsc.org
MIX
Papier | Fördert gute Waldnutzung
FSC® C083411

ISBN 978-3-89533-743-7

Fotos:
Cathy Rogers: 9, 21, 28, 49, 61, 69, 103, 147; Getty: Cover; Imago: 141

Inhalt

Vorwort 7

Geschichten und Rätsel 2006 8

Geschichten und Rätsel 2007 35

Geschichten und Rätsel 2008 68

Geschichten und Rätsel 2009 111

Geschichten und Rätsel 2010. 151

Gebrauchsanweisung für Einsteiger . . . 159

Der Autor 160

Vorwort

Was will Anatoli Karpow im Gefängnis? Welche Rätsel löst ein Minister auf der Regierungsbank? Auch auf solche Fragen finden Sie hier Antworten. Im Mittelpunkt des Buches stehen die Schachgenies von heute und ihre brillanten Einfälle am Brett: Mattangriffe, kühne Opfer, Feinheiten aller Art. Jedes Diagramm auf den folgenden Seiten zeigt den Ausgangspunkt einer interessanten Kombination. Nun können *Sie* darüber nachdenken, mit welchen Zügen Garry Kasparow, Judit Polgar oder Magnus Carlsen ihre Siege erzwungen haben. Die Rätsel eignen sich als Training oder einfach als Kunstgenuss; manche sind leicht zu lösen, andere schwieriger.

Die Geschichten erzählen von Erfolgen und Eigenarten der Großmeister, von Menschen, die das außergewöhnliche Talent für eine ästhetische Existenz besitzen. Auch Irrtümer und Abgründe kommen zur Sprache, und manchmal reizen allein schon die Gegensätze, wenn Klein auf Groß trifft, Mann auf Frau oder Mensch auf Maschine. Besonders wenn die Ereignisse eine dramatische Wendung nehmen wie im November 2006 in der Bonner Bundeskunsthalle, als dem damaligen Weltmeister, Wladimir Kramnik, ein Jahrhundertfehler unterlief und er einen „Kuss des Todes“ empfing.

Hin und wieder kommen auch weniger begnadete Spieler und Spielerinnen zum Zug. Die 140 Momentaufnahmen sind eine Auswahl meiner Zeitungskolumnen, die zwischen Juni 2006 und März 2010 im Wesentlichen im Berliner *Tagesspiegel* erschienen sind. Und schließlich sei noch verwiesen auf die im hinteren Teil befindliche Gebrauchsanweisung für Einsteiger, die mit den Schachnotationen noch nicht vertraut sind.

Viel Spaß beim Lösen!

Martin Breutigam

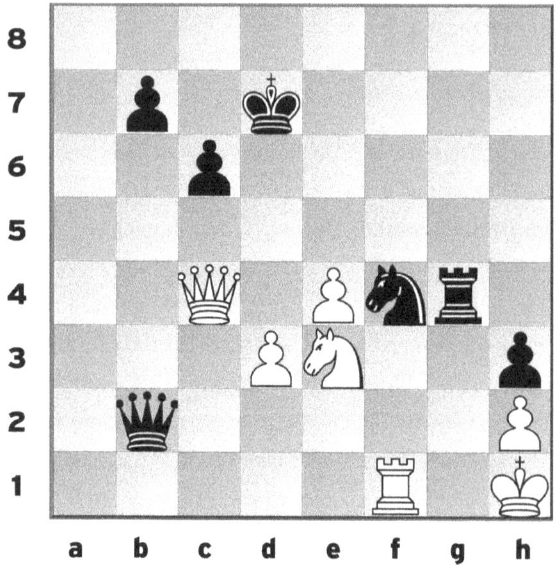

Heißer Tanz

Bis vor vier Jahren reiste Arianne Caoili mit ihrer Mutter um die Welt. Die zarte Filipina gewann einige Schachturniere und im Alter von 13 Jahren sogar gegen den russischen Großmeister Wladimir Jepischin. Doch mit 15 wollte Arianne lieber wieder zur Schule gehen. Heute ist sie 19 und singt Jazz.

Bei der Schacholympiade in Turin hat Caoili sich wieder ans Brett gesetzt, für Australien, wo sie mittlerweile lebt. Sie erregte diesmal aber nicht mit Turmopfern Aufsehen, sondern auf einer Party, Salsa tanzend mit Levon Aronjan, dem in Berlin lebenden Weltranglistendritten. Dies ärgerte den englischen Großmeister Daniel Gormally so sehr, dass er Aronjan zu Boden stieß, was wiederum dessen armenischen Freunde auf den Plan rief. Anderntags reiste Gormally ab. Aronjan und die Seinen wurden am Ende Olympiasieger. Caoili war bereits wenige Tage zuvor in eine andere unangenehme Lage geraten (siehe Diagramm). Weil sie einen hübschen Zug ihrer mit den schwarzen Steinen spielenden Gegnerin, Le Than Tu, übersehen hatte. Welcher war's?

Lösung: Scheinbar hat Weiß alle wichtigen Felder unter Kontrolle, aber nach dem folgenden Damenopfer knüpfen die drei übrigen schwarzen Figuren ein Mattnetz: **1...Dg2+! 2.Sxg2 hxg2+** (Und ohne das Matt nach 3.Kg1 Sh3 abzuwarten, gab Caoili auf.) **0:1.**

Führte Armenien in Turin zur Goldmedaille: Großmeister Levon Aronjan.

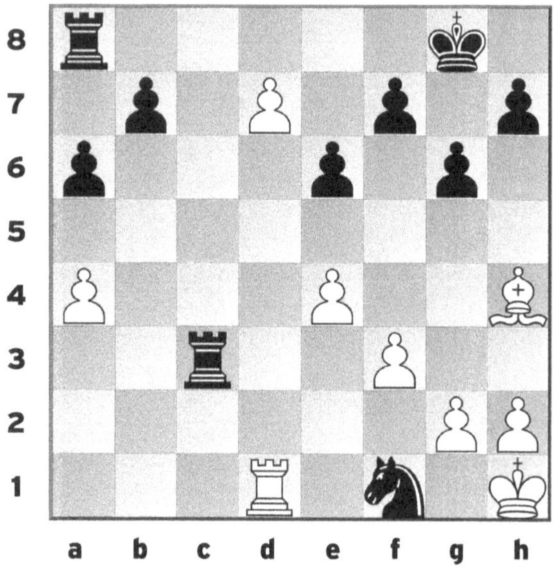

Garry Kasparow zockt inkognito

Seitdem Garry Kasparow, der vielleicht beste Schachspieler aller Zeiten, seine Karriere beendet hat, erklärt er den Russen vom Kaukasus bis Sibirien, weshalb Präsident Wladimir Putin seiner Meinung nach ein Diktator ist. Natürlich kommt Kasparows neue Rolle nicht überall gut an. Der Geheimdienst FSB belauere ihn, sagt er. Wenn er als Vorsitzender des für freie Wahlen kämpfenden „Komitees 2008“ unterwegs ist, schützen ihn Bodyguards – und sein Name. Aufgewiegelte hätten zwar schon mit Eiern geworfen, aber weniger berühmte Oppositionelle lebten weitaus gefährdeter als er.

Letzten Sonntag hat Kasparow auf dem Triumfalnaja-Platz in Moskau eine Demonstration organisiert. Die Demonstranten forderten besseren Schutz für Bürger durch die Polizei. Und nach der Demo? Zockte Kasparow unter Pseudonym im Internet! Blitzschach bei www.schach.de. In der Diagrammstellung ließ er, als Weißer am Zug, Großmeister Wladimir Below keine Chance. Der ehemalige Weltmeister führte den einzig wahren Zug übrigens in nur 0,9 Sekunden aus. Und Sie?

Lösung: 1.Lf6! (Nur dieser Zwischenzug gewinnt, denn erst jetzt droht der d-Bauer mit Mattkraft vorzurücken.) **1...Td8** (Hoffnungslos wäre z.B. auch 1...Tc8 2.dxc8D+ Txc8 3.Txf1, mit Mehrfigur für Weiß.) **2.Lxd8 Se3 3.Lf6** (Below gab auf.) **1:0.**

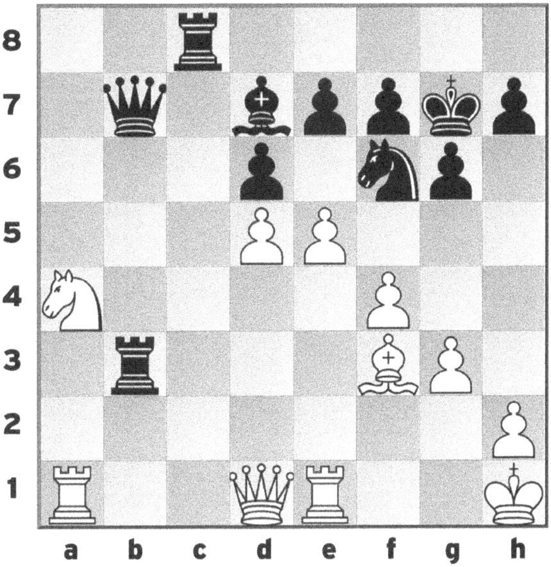

Matt mit Magnus

Als Fünfjähriger kannte Magnus Carlsen aus Lommedalen bei Oslo alle Länder der Welt, samt ihren Hauptstädten, Bevölkerungszahlen und Fahnen. Anschließend gelang ihm die gleiche Übung mit den etwa 430 Kommunen Norwegens. Glücklicherweise war noch Platz in seinem Kopf, als er sich mit acht endlich für Schach zu interessieren begann. Seitdem entspringen diesem Superhirn immer wieder Züge feinster Qualität. Schon mit 13 wurde Magnus Großmeister; inzwischen ist er 15 und soeben, im Sommer 2006, auf Platz 31 der Weltrangliste vorgerückt. Ein Weltmeister in spe – auf den sich auch der OSC Baden-Baden freut, denn in der kommenden Saison 2006/07 setzt Carlsen auch für den deutschen Mannschaftsmeister matt.

Zur Diagrammstellung kam es nun beim Mitternachtssonne-Turnier im norwegischen Tromsø. Obwohl dort Tag und Nacht die Sonne schien, sah es für Leif Erland Johannessen düster aus, als Carlsen mit Schwarz einen unwiderstehlichen Angriff einleitete, der ihn entscheidend in Vorteil brachte. Wie?

Lösung: 1… Sg4! (Vorsicht, Gabel auf f2!) **2.Lxg4** (Kaum zäher wäre 2.Ta2 Ta3! 3.Tb2 Dxb2! 4.Sxb2 Sf2+ und 5…Sxd1, mit gewonnenem Endspiel. Oder 2.De2 Txf3! 3.Dxf3 Tc2 4.h3 Th2+ 5.Kg1 Da7+.) **2… Lxg4 3.Dxg4 Dxd5+ 4.Kg1 Tc2 5.Dh3** (Oder 5.Te2 Dd4+.) **5…Dd4+ 6.Kh1 Te3!** (Plant …De4+, bzw. 7.Txe3 Dxa1+.) **7.Df1 Dd2 0:1.**

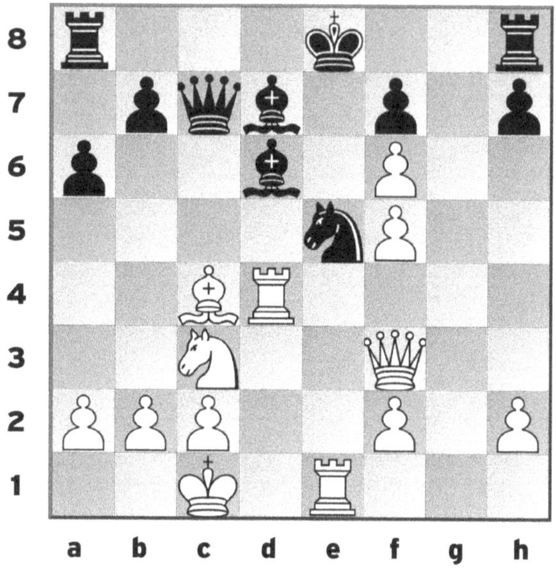

Grauer Held

Eines heißen Sommers übermannte mich auf der niederländischen Insel Schiermonnikoog das Bedürfnis nach einer Schachzeitschrift. Zwar sprach ich kaum ein Wort Niederländisch, wusste aber immerhin, dass Schach „schaak" heißt. Die Frau im örtlichen Zeitungsladen konnte jedoch nichts anfangen mit meiner Frage „Heb je Schaaknieuws?". Also probierte ich es auf Englisch, dann auf Deutsch – vergebens. Zerstreut unternahm ich einen letzten Versuch: „Jan Timman!" – „Aaaah, sraaak!", rief die Frau nun mit funkelnden Augen. Seitdem weiß ich, wie man „schaak" ausspricht und wie populär Timman in seiner Heimat wirklich ist. In den 1970er Jahren war er Hippie, in den 1980ern längst Volksheld, in den 1990ern kämpfte er um den WM-Titel. Mittlerweile ist Timman ergraut und rausgerutscht aus den Top 100.

Bei der Landesmeisterschaft in Hilversum sah man nicht viel von der Kraft, die sein Spiel manchmal noch hat. Bloß oben (gegen Jan Smeets) siegte Timman als Weißer mit Stil. Wie?

Lösung: 1.Lxf7+! Kd8 (Auf 1...Kf8 gewänne 2.Dg2! und auf 1...Kxf7 u. a. 2.Txe5! Lxe5 3.Dh5+ Kf8 4.Dh6+ Ke8 5.Dg7! Lxf5 6.f7+! Dxf7 7.Dxe5+.) **2.Dd5! Sxf7** (Oder 2...Dc6 3.Txe5.) **3.Dxf7 Kc8** (Oder 3...Tf8 4.Dg7 nebst 5.Ted1.) **4.Sd5 Da5 5.b4! 1:0** (Denn chancenlos wären z. B. 5...Da3+ 6.Kb1 bzw. 5...Dd8 6.Se7+.)

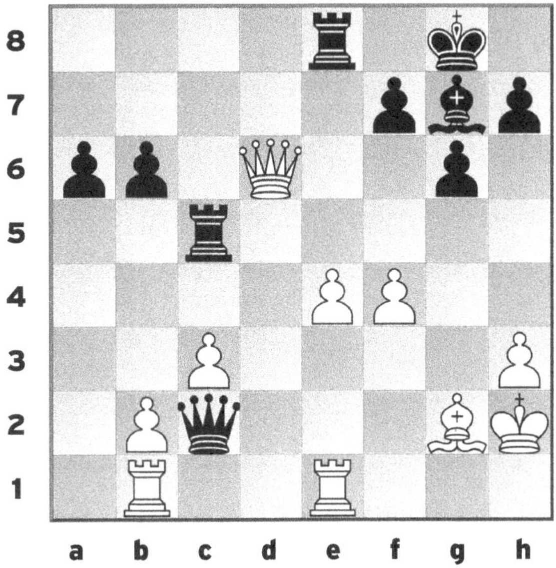

Fußballfieber in Dresden

Manchen mag verborgen geblieben sein, dass letzten Sonntag nicht Italien Weltmeister wurde, sondern die USA. Zugegeben, was da in Dresden lief, war in Wirklichkeit kein Fußball und im Grunde auch keine WM: 32 Meisterinnen spielten Schnellschach, und jede repräsentierte eines der 32 Länder, die an der Fußball-WM teilnahmen. Im Finale siegte Susan Polgar, die für die USA spielende Favoritin, gegen Elisabeth Pähtz, Junioren-Weltmeisterin aus Erfurt.

„Ein tolles Turnier", jubelte Pähtz hinterher. Die 20-Jährige, bekannt für schrille Outfits, saß diesmal in einem weißen Nationaltrikot am Brett. Ihren Frohsinn hat offenbar auch der geleistete Grundwehrdienst nicht trüben können. „War lustig", sagt Pähtz. Seitdem genießt sie die Vorzüge der Sportförderkompanie und trainiert. Das bekam in Dresden im Halbfinale auch die Französin Marie Sebag zu spüren (siehe Diagramm). „Ich hatte gehofft, dass Marie den Bauern auf d6 nimmt." Und Sebag tat es! Sehen Sie, wie Pähtz mit Schwarz daraufhin ihre Falle zuschnappen ließ?

Lösung: 1...Tg5! („Danach hätte Marie aufgeben können", sagte Pähtz. Es droht matt auf g2; und falls 2.fxg5 Le5+ 3.Dxe5 Txe5, verlöre Weiß weiteres Material, z. B. 4.h4 Tb5 5.b4 Dxc3 oder 4.Tec1 Dd2 5.h4 Txe4.) **2.Tg1 Txg2+!** (Gewinnt eine Figur.) **3.Txg2 Dxb1** (Nach einigen belanglosen Zügen gab Sebag auf.) **0:1.**

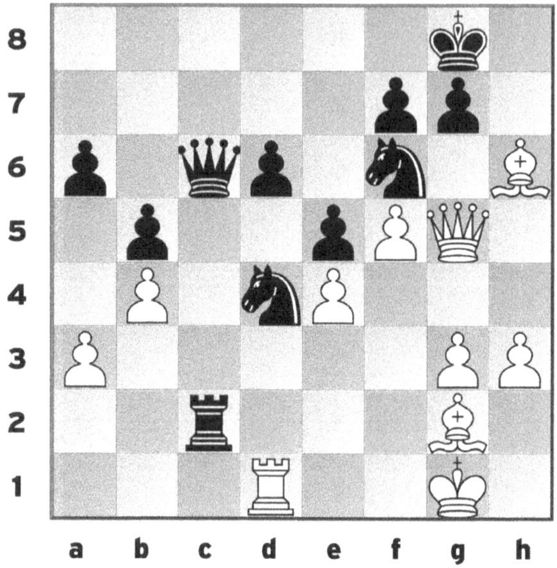

Indiens Boom

Es wundert kaum noch, dass immer wieder Wunderkinder auftauchen. In den 1970er und 1980er Jahren wurden Jungstars meist mit 18 oder 19 Großmeister – heute schaffen es manche weitaus früher. Sie erfassen eben das gewaltige Schachwissen dank der Computer viel schneller. Ganz so einfach ist es aber nicht, es wachsen ja nicht überall Wunderkinder heran, in Deutschland zum Beispiel bislang keine. Eigentlich lässt sich auch nicht zweifelsfrei erklären, wieso Parimarjan Negi aus Neu-Delhi soeben mit 13 Jahren zweitjüngster Großmeister aller Zeiten geworden ist. Klar, Negi hat überragendes Talent und Eltern, die ihn fördern. Vielleicht spielte es auch eine Rolle, dass zu Hause kein Fernseher rumsteht und er jeden Tag Yoga macht. Doch besonders prägend für Negi war wohl der indische Schachboom, ausgelöst durch die Erfolge seines Idols, Viswanathan Anand. In diesen Tagen hat Negi in Kopenhagen gespielt. Sehen Sie, wie er oben mit Schwarz den Amateur Aage Olsen flott ausknockte?

Lösung: 1...Txg2+! (Negi entfernt humorlos den einzigen Verteidiger des Königs. Zu brav wäre 1... Se8?! gewesen, dann hätte Weiß nach 2.Dg4 noch hoffen können.) **2.Kh1** (Oder 2.Kxg2 Dxe4+ nebst matt, z.B. 3.Kh2 Sf3+ usw.) **2...Th2+!** (Weiß gab auf, wegen 3.Kxh2 Sf3+ und 4...Sxg5.) **0:1.**

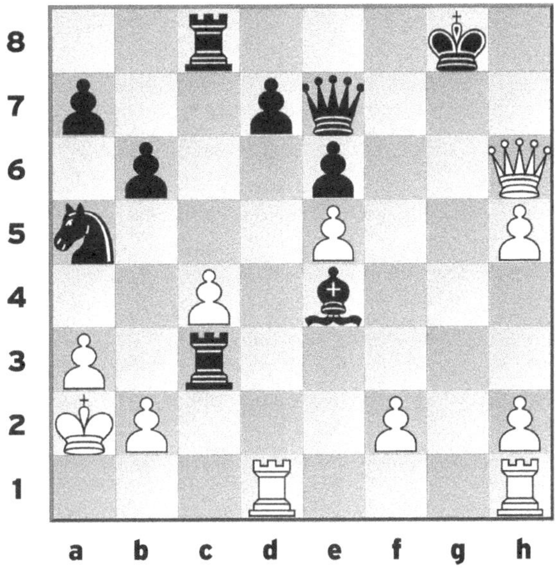

Elenis Züge

Bertina Henrichs Debütroman *Die Schachspielerin* hat es inzwischen in die Bestsellerlisten geschafft. Es ist die Geschichte von Eleni, die in einem Hotel auf der griechischen Insel Naxos als Zimmermädchen arbeitet und täglich „die Spuren des Lebens in all seinen Formen [beseitigt]. Spritzer von Blut, Sperma, Wein oder Urin". Ihr ödes Leben ändert sich, als sie zufällig das Schachspiel kennenlernt. Eleni, Mutter zweier Kinder, entwickelt fortan eine Leidenschaft, die in ihrer Welt aber auf Widerstände stößt. Eine Emanzipationsgeschichte – mit missglückten Details: Als Eleni zum Beispiel gegen einen Schachcomputer spielt, wird sie nach acht Zügen matt gesetzt. Huch? Ich überlegte. Rief Meisterspieler an und las ihnen die Textstelle vor. Nein, wie Henrichs den Partieverlauf beschreibt, ist ein Matt unrealistisch.

Anders in der Stellung oben, zu der es jüngst in Göteborg kam: Großmeister Johan Hellsten setzte mit Schwarz Johan Eriksson in vier Zügen matt und wurde schwedischer Meister. Wie?

Lösung: 1...Dxa3+! (Rums! Übrigens ist 1...Dxa3+ der einzige Gewinnzug - und was für einer! Falsch wäre natürlich 1...Lxh1?? 2.Tg1+!) **2.bxa3 Tc2+ 3.Kb1** (Auch mit 3.Ka1 Sb3+ 4.Kb1 Td2 hätte der König dem Mattnetz nicht entkommen können.) **3...Td2+ 4.Ka1 Sb3 matt 0:1.**

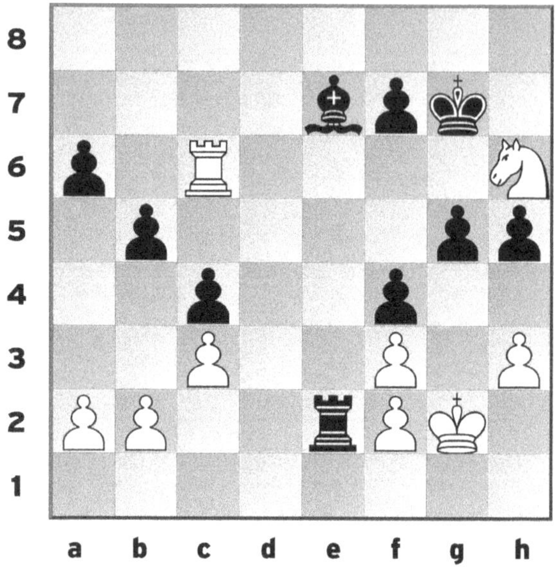

Vor dem Millionenspiel

Früher saß Peer Steinbrück sommers gerne mal im Dortmunder Schauspielhaus und schaute Schachgroßmeistern beim Grübeln zu. Doch schon als Ministerpräsident ließ es sich nicht mehr so gut unerkannt kiebitzen; und auch diesmal verpasste der schachbegeisterte Bundesfinanzminister, wie Weltmeister Wladimir Kramnik das Turnier in Dortmund gewann. Zwei Tage später saßen beide aber nebeneinander und gaben Auskunft über ein im November in Bonn beginnendes Duell zwischen Kramnik und *Deep Fritz*, jenem Computerprogramm, das viele Millionen Züge pro Sekunde berechnet.

Eine Million Dollar bekäme Kramnik, wenn er *Deep Fritz* nach sechs Partien bezwungen haben sollte. Natürlich wünsche er dem Menschen den Sieg, sagte Steinbrück, der Schirmherr der Veranstaltung ist. Gespielt wird in der Bundeskunsthalle, wo Steinbrück im letzten Jahr selber eine Schaupartie gegen Kramnik austrug. Und mithielt! Erst spät nahm ihm der mit Schwarz spielende Russe entscheidendes Material ab. Wie?

Lösung: 1...Te5! (Steinbrücks Springer hat sich nach h6 vergaloppiert, also schneidet ihm Kramnik den Rückweg über f5 ab.) **2.Txa6** (Auch andere Züge änderten nichts.) **2...f6 3.Ta7 Kxh6** (Steinbrück gab auf. Mit einer Minusfigur machte das Weiterspielen gegen den Weltmeister natürlich keinen Sinn mehr.) **0:1.**

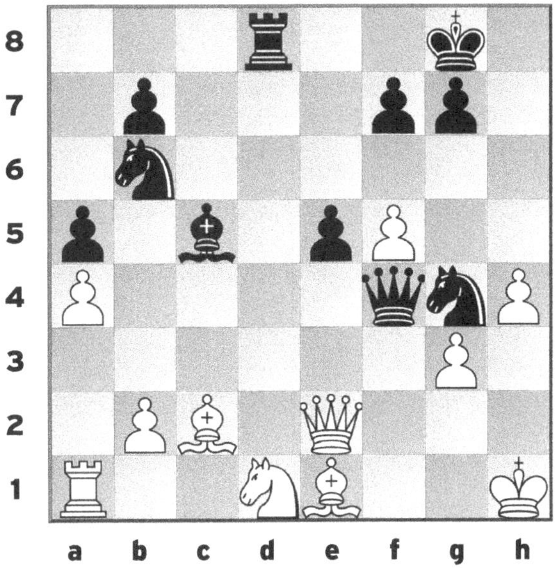

Fast wie Rubinstein

Der großartige Akiba Rubinstein vertraute einst einem Kollegen an, dass er sich quer durch Europa von einer Fliege verfolgt fühle. Wohin er auch komme, hindere ihn das Tier daran, konzentriert Schach zu spielen. Ein schicksalhaftes Vorzeichen. Ausgangs des 19. Jahrhunderts hatte sich der junge Pole entschieden, statt der Tora lieber Schachbücher zu studieren. Bald gelangen ihm Partien voller Kraft und Klarheit, und von 1907 bis 1913 war er der wohl schärfste Rivale des deutschen Weltmeisters Emanuel Lasker. Ein WM-Kampf kam aber nie zustande. Rubinsteins psychische Probleme verschlimmerten sich, und 1931 verschwand der Menschenscheue ganz aus der Öffentlichkeit. Er starb 1961 in einem Heim in Belgien.

Als unsterblich gilt seine brillante Opferpartie gegen Rotlevi in Lodz 1907. Kenner denken vielleicht an jenes Meisterwerk, wenn sie die obige Stellung sehen, zu der es nun in Amsterdam kam. Zumindest erinnert der schwarze Gewinnzug, ausgeführt vom Briten Mark Ferguson (gegen Ben Ahlers), an Rubinsteins Unsterbliche.

Lösung: 1...Td2! (Eine feine Ablenkung. Falls nun 2.gxf4, gewänne 2...Txe2 3.Lg3 exf4 4.Lxf4 Txc2 eine Figur; und 2.Dxd2 scheitert an 2...Df1 matt.) **2.Lxd2 Dxg3** (Nun droht's auf g1.) **3.Sc3** (Oder 3.Le3 Dh3+ 4.Kg1 Sxe3 und gewinnt, z. B. 5.Df2 Sd7 6.Ta3 Dg4+ 7.Kh2 Sxd1.) **3...Dh3+ 0:1.**

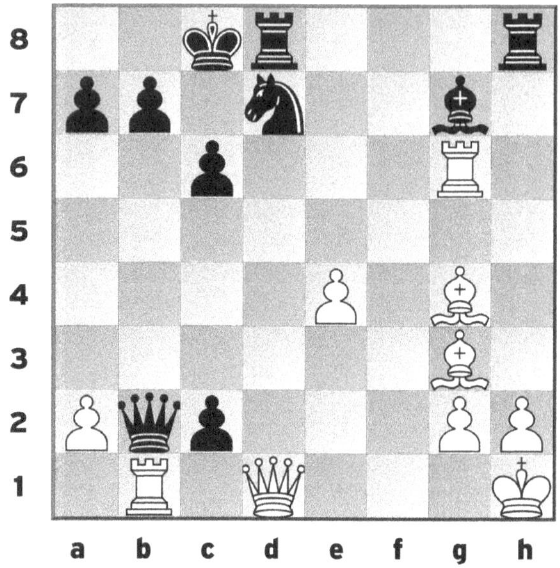

Junge Russen

Zwar haben die Russen zurzeit kein Nachwuchstalent im guten, alten K-Format wie Karpow oder Kramnik, doch die Schachkultur ist bei ihnen immer noch enorm tief verwurzelt, was anlässlich der 59. russischen Meisterschaft in Tomsk mal wieder deutlich wurde. Die sieben Spieler, die sich dort für das Superfinale qualifiziert haben, sind alle erst zwischen 16 und 22 Jahre alt. Man sollte, auch wenn es manchmal schwer fällt, ihre Namen im Kopf behalten: etwa Jan Nepomnjaschtschi, 16 Jahre jung, oder Nikita Witjugow und andere bisher kaum bekannte Größen, die sich den zweiten Platz teilten hinter Ernesto Inarkijew, dem Turniersieger.

Vielleicht vollzog sich in Tomsk bereits ein abrupter Generationswechsel. Etablierte Großmeister wie Chalifman, Drejew oder Najer verpassten die Qualifikation; Jewgeni Najer allerdings ziemlich knapp. Tröstlicherweise hatte er oben als Weißer am Zug (gegen Großmeister Oleg Kornejew) eine besonders erfrischende Kombination ausgeheckt. Wie kam's?

Lösung: 1.Txc6+! (Schon in der Vorausberechnung musste Najer das Feld b8 als den wunden Punkt im schwarzen Lager ausgemacht haben; Schwarz erkannte es nun auch und kapitulierte. Denn auf 1.... bxc6 folgt die hübsche Pointe 2.Dxc2! Dxc2 3.Tb8 matt.) **1:0.**

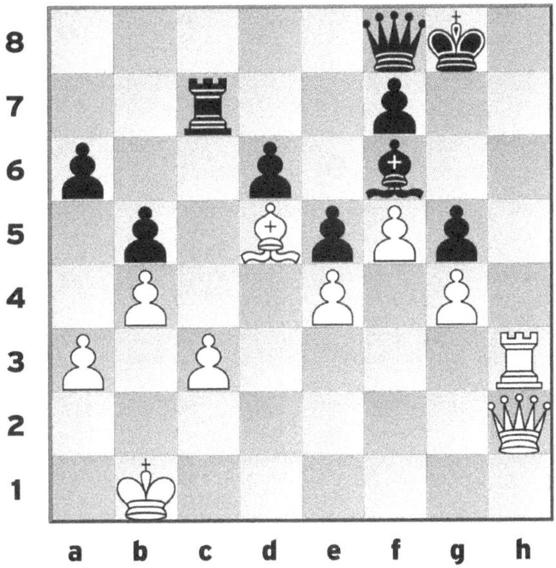

Der Anrufer

Seit gestern spielen die Weltmeister Wladimir Kramnik und Wesselin Topalow in Elista, Hauptstadt der autonomen russischen Republik Kalmückien. In drei Wochen wird es nur noch einen Champion geben und die Schachwelt, seit 13 Jahren entzweit, zumindest in dieser Frage wieder vereint sein. Das Dilemma hatte mit einem Anruf begonnen: Im Jahr 1993 schlug der Brite Nigel Short, gerade als Herausforderer qualifiziert, dem damaligen Weltmeister Kasparow vor, das gemeinsame WM-Finale ohne den Weltschachbund Fide durchzuführen. Der Russe stimmte erfreut zu. Im Grunde erschien ihnen das Preisgeld von 2,58 Millionen SFr. zu gering. Sie gründeten einen eigenen Verband, übersahen aber, dass dies den traditionsreichen Titel eines Weltmeisters arg beschädigen sollte. Fortan gab es zwei Verbände und zwei Weltmeister. Heute ist (der damals chancenlose) Short 41.

Und er hat kaum etwas verlernt, wie sein Turniersieg bei der EU-Einzelmeisterschaft in Liverpool zeigt. Dort fand er mit Weiß gegen den Finnen Karttunen ein leises Gewinnmanöver.

Lösung: 1.Th6! (Dies gewinnt sofort, denn der mächtige Läufer d5 ermöglicht das entscheidende Manöver Th6-g6; z. B. 1...Lg7 2.Tg6 gefolgt von 3.f6, oder 1...Dd8 2.Tg6+ Kf8 3.Dh6+ nebst 4.Txf6, oder 1...Kg7 2.Th7+ Kg8 3.Dh5 und ggf. 4.Dg6+. Ergo gab Schwarz auf.) **1:0.**

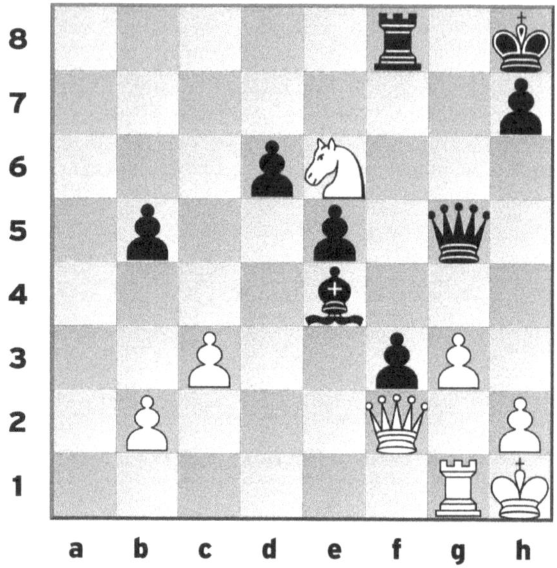

Kortschnoi empfindet „nichts“

Viktor Kortschnoi ist endlich Weltmeister geworden, genauer: Senioren-Weltmeister. Und was bedeutet ihm der in der italienischen Gemeinde Arvier errungene Titel? „Nichts“, sagt der 75-Jährige und lacht. Gewiss, viel lieber wäre er einmal „richtiger“ Weltmeister geworden, damals, 1978 und 1981, in den Duellen gegen Anatoli Karpow, im Kalten Krieg auf dem Schachbrett, der Sowjetflüchtling Kortschnoi gegen den linientreuen Karpow. Obwohl Kortschnoi beide Male unterlag, gilt er längst als eine der größten Persönlichkeiten der Schachgeschichte. Dieser Kampfgeist! Diese Hingabe! Seine Energien scheinen unerschöpflich. Demnächst wolle er die Mannschafts-EM spielen und im November vielleicht einen Wettkampf in Teheran. Immer unterwegs. Mit 75. „Für mich ist Schach ein bisschen Kunst, ein bisschen Psychologie und ein bisschen Sport“, sagt Kortschnoi. Bei der Senioren-WM habe er auch ein bisschen Glück gehabt.

Jedoch nicht in der Diagrammstellung! Sehen Sie, was Kortschnoi mit Schwarz Stefano Tatai vorsetzte?

Lösung: 1...Dd2! (Die eine Lady opfert sich, um die andere abzulenken: auf 2.Dxd2 folgt 2...f2+ 3.Tg2 f1D matt.) **2.Tf1 Dxf2 3.Txf2 Ta8?!** (Weiß gab auf, obwohl er mit 4.Kg1 noch etwas kämpfen könnte. Klarer als 3...Ta8 gewann 3...Tf6! 4.Sg5 Lc6 nebst ...e4 und ...e3.) **0:1.**

Viktor Kortschnoi

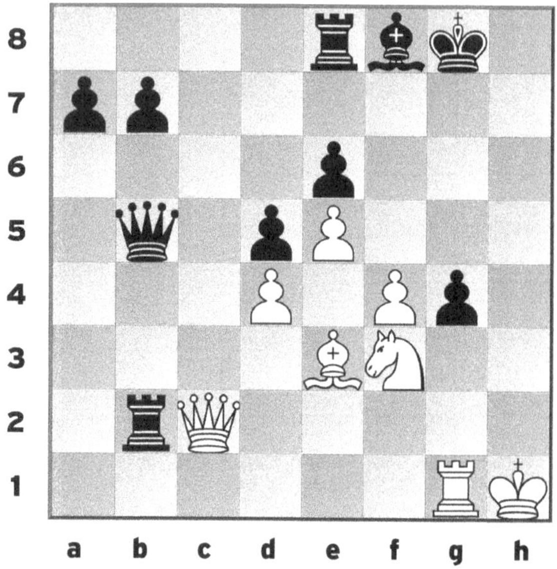

Psychotricks in Kalmückien

Eigentlich sind der Russe Wladimir Kramnik und der Bulgare Wesselin Topalow nach Kalmückien gekommen, um die geteilte Schachwelt zu einen. Doch aus dem großen WM-Kampf ist ein Spiel mit Psychotricks geworden. Als Kramnik 3:1 in Führung lag, streute Topalows Manager, Silvio Danailow, den Verdacht, Kramnik empfange während der Partien heimlich Computerzüge auf der Toilette. Der Bulgare erwirkte mithilfe seiner Freunde im (mittlerweile zurückgetretenen) Schiedsgericht sogar die Verriegelung des Klos. Woraufhin der empörte Kramnik nicht zur fünften Partie antrat und diese kampflos verlor. Jetzt, nach tagelangem Hin und Her, spielt der Russe weiter. Unter Protest.

Vor der WM waren auf Wunsch Kramniks strikte Maßnahmen gegen Hilfen von außen getroffen worden, u. a. Störsender rund um das Spielgebäude und eine Glaswand zwischen Zuschauern und Spielern. Zudem weisen einige typisch menschliche Fehler stark darauf hin, dass in Elista nicht gemogelt wird. Oben übersahen beide, wie Topalow mit Weiß leicht hätte gewinnen können.

Lösung: 1.Dg6+? (So nicht! Topalow hat ebenso wie Kramnik ein einfaches Matt auf g7 übersehen. Richtig war 1.Txg4+! Lg7 2.Dc7! Df1+ 3.Sg1 bzw. 1...Kh8 2.Th4+ und 3.Dh7 matt.) **1...Lg7 2.f5 Te7 3.f6 De2!** (Danach befreite Kramnik sich allmählich aus seiner misslichen Lage und gewann später sogar noch.)

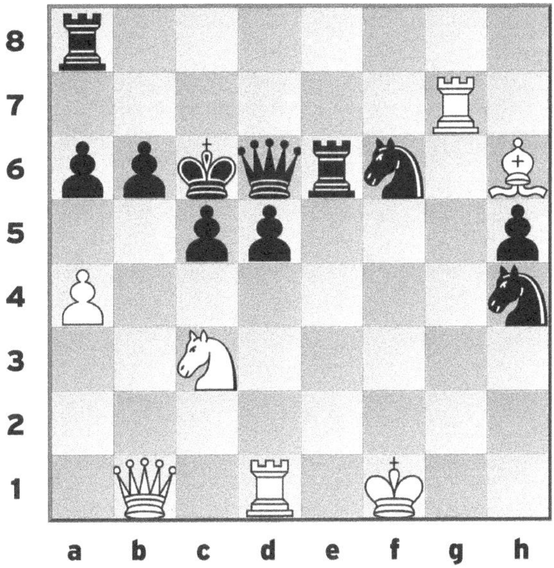

Edler Bauer

„Eine Rose ist eine Rose ist eine Rose", ist, zugegeben, ein viel zitierter Satz aus Gertrude Steins *Die Welt ist rund*. Es lässt sich ja auch allerhand hineindeuten in so einen schönen, runden Satz. Schachspieler kennen eine ähnliche Weisheit: Ein Bauer ist ein Bauer. Gut, das klingt vergleichsweise plump; aber die Welt ist eben rund und das Schachbrett eckig. Das mit dem Bauern ist ungefähr so gemeint: Selbst ein kleiner Bauer hat seinen Wert. Schon Meister Philidor hatte im 18. Jahrhundert erkannt, die Bauern seien die Seele des Schachspiels. Und wer ihre Bedeutung begreift, wird die gewaltige Macht einer Dame erst recht zu schätzen wissen, die ist schließlich neunmal so viel Wert wie ein Bauer.

Bloß manchmal scheinen all diese ehernen Gesetze auf den Kopf gestellt, beispielsweise in der Diagrammstellung, die beim Turnier in Gausdal/Norwegen zu sehen war. Zeigen Sie, womit der Lette Kaido Kulaots als Weißer am Zug seinen Großmeisterkollegen Felix Levin überraschte!

Lösung: 1.Db5+! (Nach diesem reizvollen Damenopfer ist der letzte verbliebene weiße Bauer, der bis dahin kümmerlich am Brettrand herumstand, der Held des Tages. Schwarz gab sofort auf, denn nach 1...axb5 folgt natürlich 2.axb5 matt!) **1:0.**

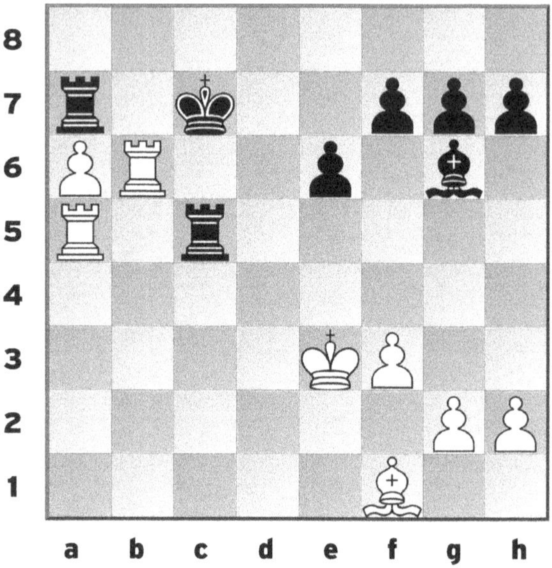

Kurz und frech

Fast jeder Schachprofi hat einen Freund namens *Fritz*. Früher mussten die Meister immer selber denken, heute fragen sie *Fritz*, und der weiß oft Rat. „*Fritz* ist einer von uns, bloß dass er abends nicht mit an die Bar kommt", sagt Viswanathan Anand. *Fritz* bleibt dann nämlich im Hotelzimmer, er wohnt in den Laptops der Profis: *Fritz* ist ein Schachprogramm. Gewiss, heute gibt es andere Programme, die ebenso stark spielen, sie heißen zum Beispiel *Rybka* oder *Shredder*. Doch als die Hamburger *Fritz*-Väter im Jahr 1991 einen Namen für ihr Kind suchten, sollte es kein kryptischer sein, sondern ein kurzer, frecher, freundlicher. *Fritz*' Erfolgsgeschichte ist zweifellos auch mit dem Charme des Namens verbunden.Viel an ihn denken muss wohl zurzeit Wladimir Kramnik. Der Russe spielt bald in Bonn gegen *Deep Fritz*; es ist Kramniks zweiter Kraftakt innerhalb kurzer Zeit. Erst Mitte Oktober hat er in Elista/Russland seinen WM-Titel verteidigt, indem er oben mit Weiß Wesselin Topalow in der letzten Stichpartie besiegte.

Lösung: 1.Tb7+! (Der Zug, der die Weltmeisterschaft entschied! Falls nun 1...Txb7, gewinnt einfach 2.Txc5+ Kb6 3.axb7! Topalow hatte bei seinem vorherigen Zug, ...Tc2xBc5, offenbar nur mit der Antwort 1.Kxb6? gerechnet.) **1:0.**

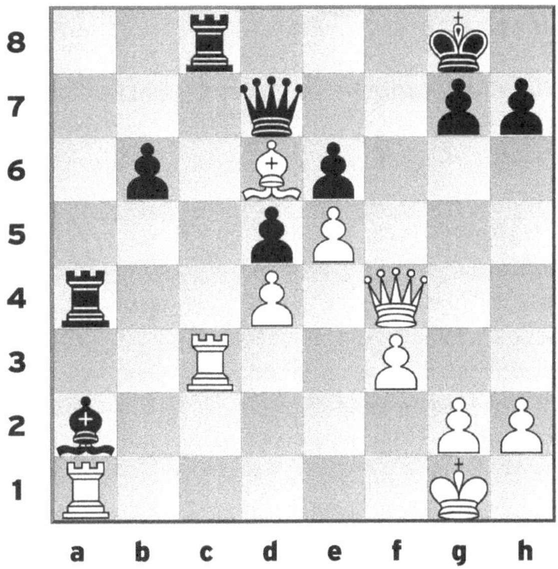

Neben Bunker und Bolzplatz

Im Hamburger Stadtteil Eilbek steht ein Haus, in dem sich täglich Menschen zum Schachspielen treffen. Es handelt sich um das Schachzentrum des Hamburger SK, der mit seinen 176 Jahren der älteste bestehende Schachklub Deutschlands ist und mit über 400 Mitgliedern auch der größte. In diesem verklinkerten Haus, gelegen neben einem Bunker und einem Bolzplatz, wird die Kultur des Schachs auf bemerkenswerte Weise gepflegt. Der HSK hat 25 Mannschaften, darunter ein Männer- und ein Frauenbundesligateam, und besonders kümmert man sich um den Nachwuchs.

Aber auch um das Wohl der Denksportler. Denn als sie nun das zehnjährige Bestehen ihres Hauses mit einem kleinen internationalen Meisterturnier feierten, waren sogar Schnittchen und Kuchen von verlockender Qualität. Freundlicherweise ließen sie auch mich mitspielen, weshalb hier ausnahmsweise von einer eigenen Partie die Rede ist. Ahnen Sie, warum ich oben als Weißer am Zug gegen Wolfgang Pajeken ein bisschen Herzklopfen bekam?

Lösung: 1.Tc7! (Diesen Eindringling darf Schwarz nicht nehmen, denn auf 1...Txc7 setzt 2.Df8 matt; während das zähere 1...Dxc7 2.Lxc7 Txc7 3.Dg5 letztlich auch chancenlos wäre.) **1...De8 2.Df7+!** (Das war's – auf 2...Dxf7 gewinnt 3.Txc8+. Schwarz gab auf.) **1:0.**

Kuss des Todes

Der unbegreifliche Fehler von Schachweltmeister Kramnik

Wer die *Guggenheim Collection* in der Bonner Bundeskunsthalle betritt, sieht sogleich *Entscheidendes Rosa*, ein Bild von Wassily Kandinsky. Der Meister hatte im Jahr 1932 unter anderem ein dreieckiges Schachbrettmotiv auf die Leinwand gepinselt. Wladimir Kramnik, der Schachweltmeister, ist ein Kunstliebhaber, er wird sich die Ausstellung aber erst nächste Woche ansehen können, weil er zurzeit noch mit dem Supercomputer *Deep Fritz* beschäftigt ist, genau eine Etage unter Guggenheims Meisterwerken.

Am Montagabend muss jedoch auch Kramnik das Schachbrett einen Moment lang nur als Dreieck wahrgenommen haben, eine Ecke hatte er im Duell mit *Deep Fritz* völlig außer Acht gelassen – unglücklicherweise jene, in der sein König stand. Nach einer bis dahin stark vorgetragenen Partie zog Kramnik im 34. Zug seine Dame nach e3. Offenbar träumte er von einem entscheidenden, ja rosaroten Gewinnzug. In Wirklichkeit war es ein unbegreiflicher, schachhistorisch einmaliger Fehler: Der Weltmeister hatte ein einzügiges Matt übersehen!

Als daraufhin Mathias Feist, der Bediener von *Deep Fritz*, die Dame nach h7 schwang, wo sie Kramniks König einen sogenannten Kuss des Todes verpasste, durchzuckte es den Weltmeister. Von den Zuschauerrängen waren Laute des Entsetzens zu vernehmen und auch Gelächter. Das geschlagene Genie gratulierte seinem Gegenüber, unterschrieb das Partieformular, fasste sich noch einmal an die Stirn und verschwand. „So etwas ist mir noch nie passiert, ich habe überhaupt keine Erklärung dafür", sagte Kramnik. Er habe sich gut gefühlt und die Variante mit dem scheinbar krönenden Abschluss lange zuvor berechnet und immer wieder geprüft. „Das sah alles so gut aus für mich, und dann bin ich matt in einem." Auch *Deep Fritz'* Bediener hatte es nicht gleich gesehen. „Auf dem Monitor leuchtete plötzlich ‚Matt', und ich dachte, ist jetzt der Computer kaputt oder was?", sagte Feist.

Die Schachgeschichte hat zwar immer wieder gezeigt, dass selbst den größten Denkern hin und wieder schlimme Fehler unterlaufen, aber einen solch krassen wie diesen hat es zumindest in einer Turnierpartie eines Weltmeisters noch nie gegeben. Man muss lange zurückdenken, um einen nur annähernd vergleichbaren Fall heranzuziehen: Im Jahre 1892 ließ sich der russische Meister Michail Tschigorin, der in der entscheidenden 23. WM-Partie den Sieg vor Augen hatte, von Wilhelm Steinitz plump mattsetzen – allerdings in zwei Zügen, nicht in einem. Steinitz, der erste Weltmeister der Schachgeschichte, behielt dank des glücklichen Sieges seinen Titel.

Müdigkeit oder Druck hat Kramnik selber als Erklärung ausgeschlossen. Auch mit Zeitnot ist das Unbegreifliche nicht zu erklären, schließlich stand ihm für die nächsten sechs Züge mit 32 Minuten noch ausreichend Bedenkzeit zur Verfügung. Für den deutschen Großmeister Artur Jussupow liegt die Ursache für Kramniks menschliches Versagen sowieso weniger im Psychologischen als im Schachtaktischen begründet, nämlich im Mattmotiv selber.

Einerseits sei es ein banales Angriffsmotiv gewesen, andererseits kein alltägliches: *Deep Fritz*' Dame konnte auf dem Feld h7 mattsetzen, weil sie dort von einem auf f8 stehenden Springer gedeckt war. Und dass ein weißer Springer auf der gegnerischen Grundreihe steht, sei kein gewöhnlicher Fall, meint Jussupow. „Wenn dieser Springer wie üblich über g5 oder f6 gekommen wäre, hätte jeder sofort erkannt, dass auf h7 Matt droht", sagt Jussupow, „aber einen Springer auf f8, den sieht man nicht so oft."

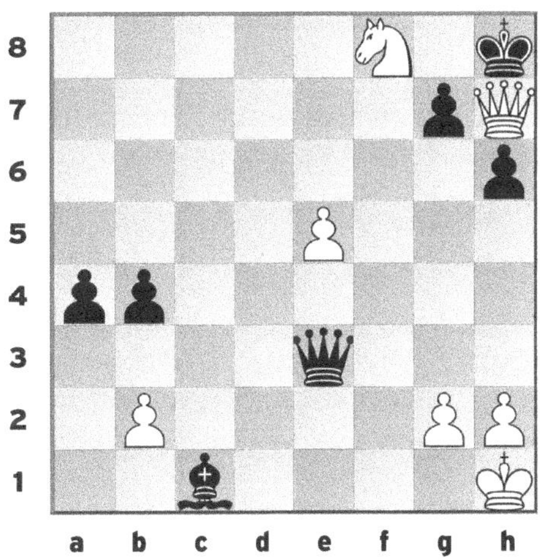

Kuss des Todes:
die Stellung nach De4-h7 matt!

Diese Erklärung erscheint im Falle eines Hobbyspielers völlig einleuchtend. Aber bei einem Genie wie Kramnik? Wie der Maler Kandinsky dank seiner synästhetischen Wahrnehmung die Farben nicht nur sehen, sondern auch hören konnte, scheint doch gerade der 31-jährige Russe wie kaum ein anderer zu fühlen, wo Gefahren lauern und wo seine Figuren hingehören, damit sie perfekt harmonieren.

Es bleibt abzuwarten, ob der geknickt wirkende Weltmeister zu seiner Spielkunst und Präzision zurückfindet. Vor der dritten Partie führt *Deep*

Fritz mit 1,5:0,5 Punkten. Kaum wahrscheinlich, dass Kramnik den Rückstand in den verbleibenden vier Partien noch in einen Vorsprung verwandelt, was neben einer halben Million Dollar Antrittsprämie mit einer weiteren halben Million vergütet würde.

Später am Abend machte er sich selber Mut und wies darauf hin, dass der Spielstand keinesfalls den Spielverlauf widerspiegele. „Ich habe in der ersten Partie Druck gemacht, und ich habe heute wieder Druck gemacht, man kann wirklich nicht behaupten, dass *Fritz* mir überlegen ist", sagte Kramnik. „Ja, es stimmt, ich hätte ein Remis erzwingen können, aber ich sah keinen Sinn darin, ich konnte doch ohne Risiko auf Gewinn spielen."

(„Kuss des Todes" erschien am 29. November 2006 in der *Süddeutschen Zeitung.)*

Nach seinem Blackout in der zweiten Partie und vier Remisen lag Wladimir Kramnik mit 2:3 Punkten zurück. In der letzten Partie wagte er viel, um noch den Ausgleich zu schaffen. Doch er verlor ein zweites Mal. Endstand: 4:2 für *Deep Fritz.*

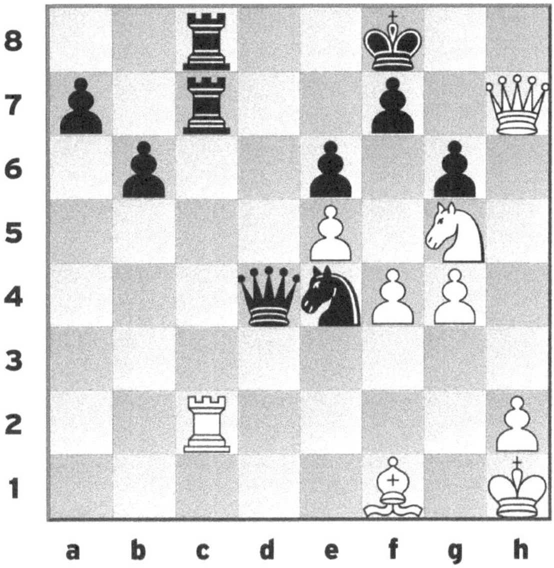

Arik Braun ist U18-Weltmeister

Nach zwei Wochen Schach hat Arik Braun erst einmal genug. „Jetzt arbeite ich nur noch für die Schule“, sagt er. Schließlich macht der blonde Könner aus dem baden-württembergischen Allmersbach nächstes Jahr sein Abitur. Was er später werden will, weiß er aber noch nicht. „Da fällt mir einfach nichts ein.“ Muss auch nicht, denn notfalls wird er eben Schachprofi. Für den Großmeistertitel fehlt ihm sowieso nur noch eine Norm. Und jetzt, Ende Oktober, ist Arik in Batumi/Georgien U18-Weltmeister geworden!

Manchmal hatte er sich im Schwarzen Meer schwimmend in Spiellaune gebracht. Von seinen Partien gefällt ihm im Nachhinein die gegen den Georgier Jojua am besten. „Wir waren beide in Zeitnot, dann habe ich eine Kombination gesehen und einfach gezogen, ohne lang zu rechnen.“ Tja, großmeisterliche Intuition. Denn die spätere Analyse ergab, dass Arik selbst bei bester Verteidigung des Gegners ein gewonnenes Endspiel erreicht hätte. Was hatte er also oben als Weißer am Zug im Sinn?

Lösung: 1.Dxf7+! Txf7 2.Txc8+ Ke7 (Oder 2...Kg7? 3.Sxe6+.) **3.Tc7+ Ke8** (Verloren hätte auch 3... Kd8 4.Sxe6+ Ke8 5.Lb5+ Dd7 6.Txd7 Txd7 7.Kg2!, z. B. 7...a5 8.h4! Ke7 9.Lxd7 Kxd7 10.Sd4 a4 11.h5 gxh5 12.gxh5 Ke7 13.h6 Kf8 14.Kf3 Sc5 15.f5 a3 16.e6 a2 17.Sc2.) **4.Lb5+ Td7 5.Lxd7+ Dxd7 6.Txd7 Kxd7 7.Sxe4 1:0.**

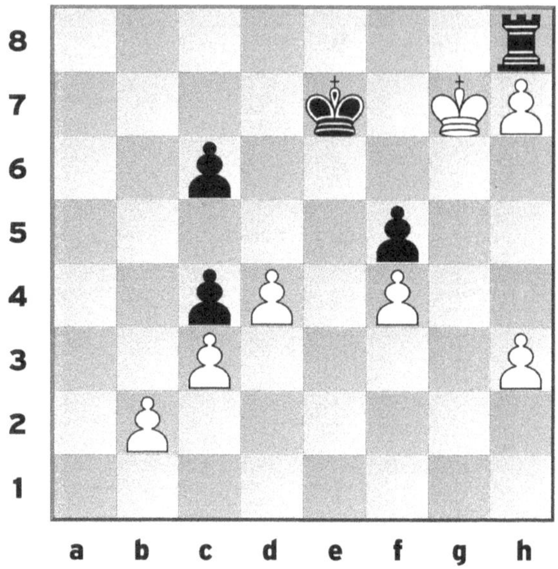

Levon, der Zauberer

Denkt der armenische Weltklassespieler Levon Aronjan an den früheren Weltmeister Michail Tal, kommen ihm „wunderschöne, romantische Schachpartien“ in den Sinn. So geht es vielen, schließlich war kaum ein Champion so fantasiereich wie Tal. Außerdem schätzte man den Zauberer aus Riga, der am 9. November 70 Jahre alt geworden wäre, wegen seiner Menschlichkeit. Der in Berlin lebende Aronjan sagt aber, es sei im modernen Schach nahezu unmöglich, so wild zu kombinieren, wie Tal es ab Ende der 1950er Jahre tat, als er regelmäßig die Figuren zu verhexen schien. Das Schachwissen ist ja im Laufe der Jahrzehnte enorm angewachsen, mittlerweile kennen sogar Amateure die Feinheiten des Najdorf-Systems, beispielsweise. Trotzdem verzaubern auch heutige Großmeister immer wieder mit ihrer Spielkunst, nicht zuletzt Aronjan: Beim Tal-Gedenkturnier in Moskau krönte er ein Meisterwerk, indem er oben mit den schwarzen Steinen Alexej Schirow, den anderen Zauberer aus Riga, aus allen Träumen riss. Wie?

Lösung: 1...Ke8! (Falls nun 2.Kxh8 Kf7, gerät Weiß in Zugzwang, z. B. 3.h4 Kf8 4.h5 Kf7 5.h6 Kf8 6.b4 cxb3.) **2.Kg6 Kf8 3.h4 Ke7!** (Dreiecksmanöver treiben Weiß in Zugzwang.) **4.Kg7 Ke8 5.Kg6 Kf8 6.h5 Ke7 7.Kg7 Ke8 8.Kg6 Kf8 9.h6 Ke8 10.Kf6 Txh7 11.Kg6 Tf7 0:1** (wegen 11.h7 Tf8 12.Kg7 Th8! usw.).

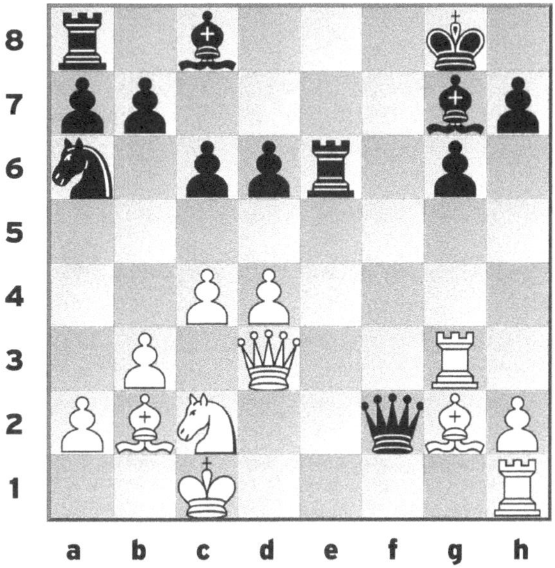

Rabiegas Hammer

Es sah aus, als säßen David und Goliath an einem Tisch: Hier David Navara, das junge tschechische Schachgenie, ihm gegenüber der bullige Berliner Robert Rabiega. In Wirklichkeit verschmähte aber der zarte Navara eine Friedenschance, woraufhin Rabiega, wie er sich selber ausdrückte, „natürlich hammerhart zugeschlagen" habe. Wohlgemerkt, sie haben nicht geboxt, sondern Schach gespielt am vergangenen Wochenende in der Berliner Bambushalle. Rabiega für den Aufsteiger Tegel, Navara für Bindlach. Eigentlich ist der 35-jährige Rabiega immer nur Außenseiter in der Bundesliga, weil er es am Spitzenbrett oft mit Weltklassegegnern zu tun hat. Bislang blieb Tegels Großmeister aber ungeschlagen; und Navara hat er sogar besiegt, obwohl der auf Rang 13 der Weltrangliste steht, etwa 450 Plätze vor ihm! Oben die entscheidende Stellung, Rabiega mit Schwarz am Zug. In nur anderthalb Minuten habe er sämtliche Verästelungen dieser herrlichen Kombination berechnet gehabt. Was sah Rabiega?

Lösung: 1...Sb4! 2.Sxb4 (Auch 2.Dd1 rettete nichts, z. B. 2...Te2 3.Sxb4 Lh6+ 4.Kb1 Txb2+ 5.Ka1 a5 6.Sd3 Txa2+ 7.Kb1 Lf5.) **2...Lh6+ 3.Kb1** (Oder 3.Kd1 Dxb2 und gewinnt.) **3...Te1+! 4.Txe1 Dxe1+ 5.Kc2 Lf5!** (Die Schlusspointe.) **6.Dxf5 Dd2+!** (Navara gab auf, wegen 7.Kb1 Dd1+ 8.Lc1 Dxc1 matt.) **0:1.**

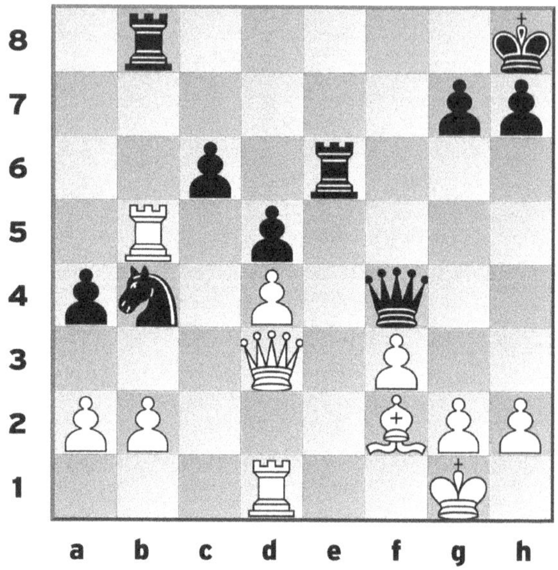

Garry Kasparow wundert sich

Als Garry Kasparow neulich in Moskau Peter Leko herumspazieren sah, habe ihn dies zunächst völlig irritiert. Dieser Mann, dachte Kasparow wohl, gehört doch eigentlich ganz woanders hin, in mein altes Leben sozusagen. Schließlich ist Leko immer noch Schachprofi, und er lebt außerdem weit weg, in Ungarn. Die Begegnung zeigt aber vor allem, wie weit weg Kasparow, der Weltmeister von 1985 bis 2000, heute vom Schach lebt. Vor anderthalb Jahren beendete er seine Karriere, um fortan politisch gegen Präsident Putin zu kämpfen. Und nun will er nicht einmal mitbekommen haben, dass in Moskau das Tal-Gedenkturnier schon lief. Immerhin schaute Kasparow dann mal vorbei und kommentierte wie in alten Zeiten. So spiele der norwegische Wunderjunge Magnus Carlsen, der in Moskau Vorletzter wurde, für seinen Geschmack zu viele Turniere. Carlsen sei aber ein grandioser Taktiker.

Und was für einer! Sehen Sie, wie Carlsen kurz zuvor in Cap d'Agde/Frankreich als Weißer am Zug Großmeister Laurent Fressinet bezwang?

Lösung: 1.Df5! (Schwarz gab sofort auf. Denn 1...Dxf5 2.Txb8+ würde offensichtlich gleich zum Matt führen, während 1...Txb5 2.Dxf4 die Dame verlöre beziehungsweise 1...Dd6 2.Txb8+ Dxb8 3.Dxe6 einen Turm.) **1:0.**

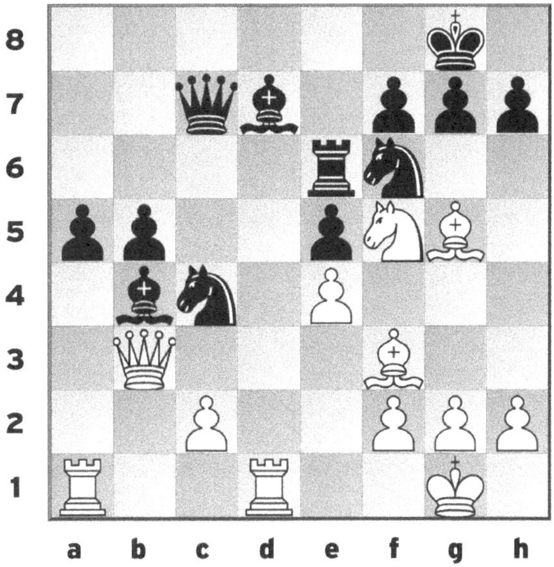

Lady Lahno

Kaum zu glauben, Kateryna Lahno ist am 27. Dezember erst 17 Jahre alt geworden. Eigentlich wirkt sie älter, was bestimmt nicht nur daran liegt, dass sie immer so geheimnisvoll guckt und stilvoll gekleidet ist. Womöglich reifte die Ukrainerin schneller als andere, weil sie in ihrem jungen Leben schon viel herumgereist und früh herausgekommen ist aus Kramatorsk, wo sie als Vierjährige erstmals mit dem Schachspiel in Berührung gekommen war. Welch ein Talent! Im Sommer 2005 gewann sie schließlich – mit nur 15 Jahren – die Europameisterschaft der Frauen.

Das Jahr 2006 verlief dann wechselhaft für Lahno, aber es endete versöhnlich: In Neu-Delhi maß sie sich mit dem indischen Wunderjungen Parimarjan Negi, 13, in jeweils sechs Turnier-, Schnell- und Blitzpartien. Vielleicht wäre ihr 11:7-Sieg noch höher ausgefallen, wenn sie oben als Weiße am Zug eine Schwäche im schwarzen Lager erkannt hätte. Doch Lahno bemerkte sie nicht und verlor diese Partie später noch. Machen Sie's besser!

Lösung: 1.Lxf6! (Prosaischer Auftakt einer Kombination, die auf der Schwäche der Grundreihe basiert. Lahno sah es jedoch nicht, zog 1.c3? und verlor später.) **1...Txf6** (Oder 1...gxf6 2.Lh5! nebst 3.Dg3 und Matt.) **2.Dxb4! axb4** (Oder 2...Txf5 3.exf5 axb4 4.Txd7!) **3.Ta8+ Lc8** und es gewänne z.B. **4.Txc8+ Dxc8 5.Se7+.**

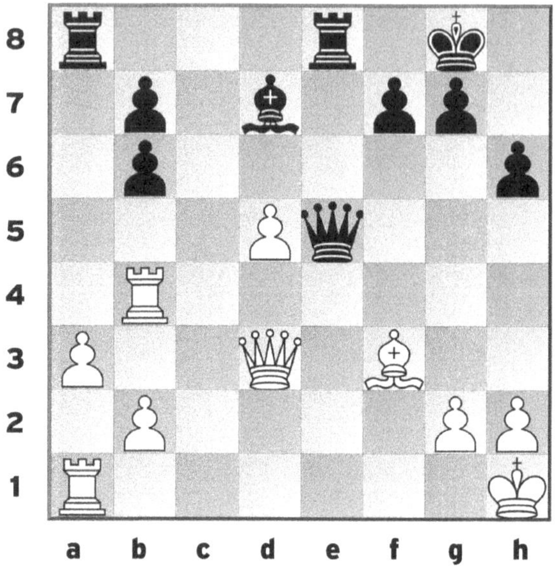

Sonne und Sterne

Bereits im Jahr 1983, als Computer noch keinen Einfluss auf die Eröffnungstheorie hatten, schien David Bronstein genervt von der fortschreitenden Verwissenschaftlichung des Schachs. Im Vorwort der dritten Ausgabe seines Kultbuches *Sternstunden des Schachs. Zürich 1953* schrieb Bronstein, er finde es armselig, beim ständigen Auswendiglernen „weder Sterne noch Sonne zu sehen und sich nur auf sein Gedächtnis zu stützen". Der aus Kiew stammende Bronstein hingegen hatte Schach immer als etwas Schöpferisches verstanden; er suchte das pralle Leben auf dem Brett, wollte seine Figuren auf reizvolle Weise zum Tanzen bringen – wie oben als Schwarzer am Zug (gegen Vladas Mikenas in Tallin 1965). „Ich denke nicht in Varianten, ich denke in Ideen", lautete sein Motto. Im Jahr 1951 wäre er sogar beinahe Weltmeister geworden, aber Michail Botwinnik erreichte noch ein 12:12-Unentschieden und durfte den WM-Titel behalten.

Am 5. Dezember ist David Bronstein im Alter von 82 Jahren in Minsk gestorben.

Lösung: 1...Txa3! (Aber nicht 1...De1+? 2.Df1! Der Zug 1...Txa3! nutzt die Grundreihenschwäche richtig aus. Obwohl dreifach bedroht, kann der Turm nicht geschlagen werden: 2.Dxa3 De1+! oder 2.Txa3 De1+ oder 2.bxa3 Dxa1+ 3.Tb1 Te1+. Und weil auch 2.Db1 Txa1 3.Dxa1 De1+ nichts änderte, gab Weiß auf.) **0:1.**

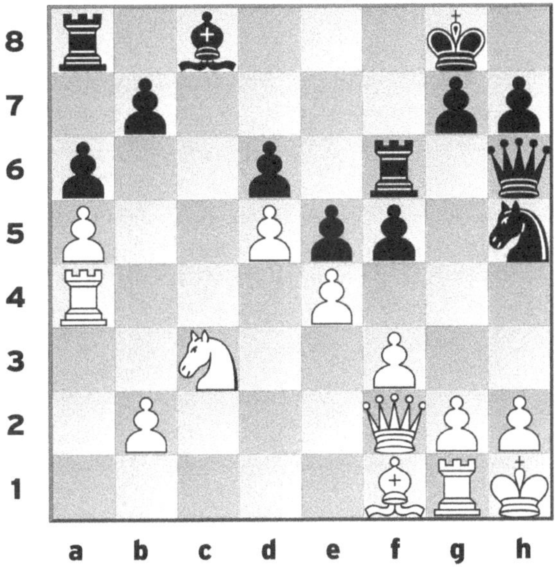

Wie damals im Seebad

Beim Stichwort Hastings mag Historikern die große Schlacht anno 1066 in den Sinn kommen. Schachspieler denken wohl eher ans alljährliche Turnier in dem englischen Seebad. Die erste Auflage im Jahr 1895 gilt als die bedeutendste. Lasker, Steinitz, Tschigorin, Tarrasch und andere Koryphäen waren nach Hastings gekommen. Damals hatte man noch Zeit, das Turnier dauerte fast vier Wochen! Drei Runden vor Schluss sah es so aus, als würde es der junge, frisch gekrönte Weltmeister Emanuel Lasker gewinnen. Dann baute er ab, und am Ende, nach 21 Runden, lag überraschend der US-Amerikaner Harry Nelson Pillsbury vorn. Dieser Sieg und Pillsburys Schicksal – er starb mit 33 an Syphilis – machten ihn legendär.

Mittlerweile ist in Hastings alles etwas kleiner und kürzer, heute werden nur noch neun Runden gespielt, immer zur Jahreswende. Doch es hätte bestimmt auch Pillsbury gefallen, wie der russische Großmeister Wjatscheslaw Ikonnikow beim jüngsten Turnier mit Schwarz kombinierte (gegen Srinath Narayanan).

Lösung: 1...Sg3+! (Aber nicht 1...f4? 2.h3!) **2.Dxg3 f4 3.Dh3** (Nun erhält Ikonnikow entscheidenden Materialvorteil; seine brillante Pointe hätte sich nach 3.De1 bzw. 3.Df2 gezeigt: 3...Dxh2+! 4.Kxh2 Th6+ nebst matt.) **3...Lxh3** (Und nach einigen belanglosen Zügen gab Weiß auf.) **0:1.**

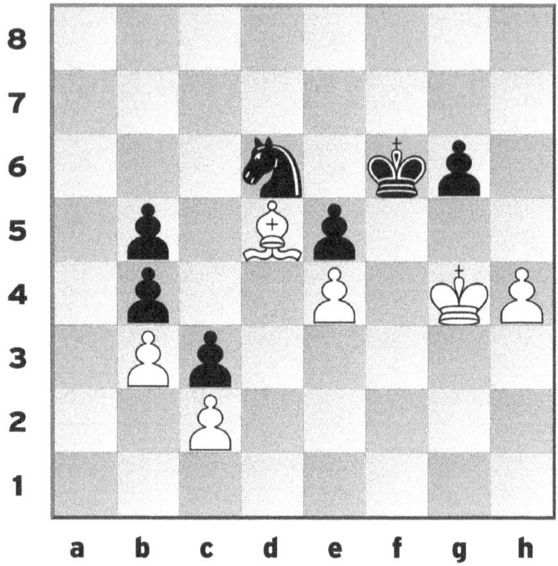

Ein Bauer surft

Im Iran ist freies Surfen im Internet nicht möglich. Unlängst hat die Regierung schnelle Breitbandverbindungen verboten, um ihre Bürger vor westlichen Kultureinflüssen zu „schützen“; etliche Seiten im Netz werden sowieso von den Zensoren blockiert. Die Organisation „Reporter ohne Grenzen“ bezeichnet den Iran als einen der „13 größten Feinde des Internets“. Immerhin, Schach spielen darf man noch im Iran, sowohl online als auch in Cafés oder anderswo. Dies ist keineswegs selbstverständlich, war doch unter Ajatollah Chomeini auch Schach verboten.

Ausgerechnet in jener Zeit sind die einzigen beiden Großmeister des Landes aufgewachsen. Der eine, Ehsan Ghaem Maghami, ist mittlerweile 24 Jahre alt und hat gerade in Teheran die Landesmeisterschaft gewonnen. Oben besaß er mit Schwarz einen Bauern mehr. Aber wie sollte er den verwerten, es war ja alles blockiert? Trotzdem schuf Ghaem Maghami einen Freibauern und „surfte“ ihn zur Grundreihe seines Gegners, Morteza Darban. Wie?

Lösung: 1...Sc4! (Den muss Weiß schlagen, weil 2...Sa3 nebst 3...Sxc2 droht.) **2.bxc4** (Auch nach 2.Lxc4 bxc4 3.bxc4 b3 liefe ein Freibauer unaufhaltsam.) **2...b3 3.c5** (Oder 3.cxb3 c2.) **3...bxc2 4.c6 c1D** (Weiß gab auf, wegen 5.c7 Df4+ 6.Kh3 Df3+ 7.Kh2 Df2+ 8.Kh3 Dc5 usw.) **0:1.**

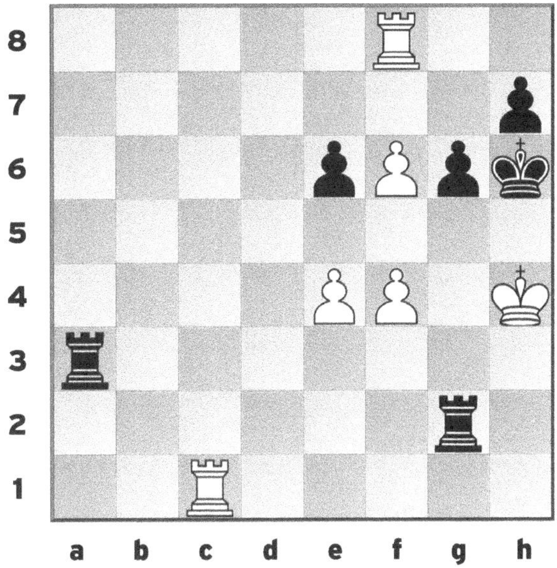

Nachtschwärmer

Wer abends durch das niederländische Küstenörtchen Wijk aan Zee zieht, hat in zwei Minuten alle Lokale gesehen. Das Café de Zon, beispielsweise, erinnert von draußen durch die Glasscheiben betrachtet ein wenig an Edward Hoppers *Nachtschwärmer*; und wie auf dem berühmten Bild werden heute Abend vielleicht auch im Café de Zon nur noch ein paar Gestalten an der Bar hocken. Von Mitte Januar an war es zwei Wochen lang immer prallgefüllt mit Schachspielern, die sich beim Grolsch ihre Partien vom Tage vorführten. Diesen Sonntag endet das Schach-Festival in Wijk aan Zee, wo jedes Jahr Weltmeister und Amateure gemeinsam grübeln, in verschiedenen Turnieren, aber in einer Halle.

Auch der junge Dimitri Jakowenko, der im Dezember beinahe russischer Meister geworden wäre, kam abends rüber ins Café de Zon – und spielte stundenlang Billard. Mehr Eindruck machte aber, was der kleine Großmeister tagsüber am Schachbrett leistete. Oben gab Jakowenko mit Schwarz spielend Wladimir Georgiew den Rest. Wie?

Lösung: 1...e5! (Nun führt 2.fxe5? g5 gleich zum Matt. Außerdem droht 2...Tf2.) **2.f7** (Etwas zäher wirkt 2.Tg8 Tf2 3.Tg1 Txf4+ 4.Tg4, aber nach 4...Txf6 wäre Weiß auch verloren, z. B. 5.Tg1 Tf4+ 6.Tg4 Txg4+ 7.Kxg4 Te3.) **2...Tf2** (Weiß gab auf, wegen 3.Tg1 Txf4 4.Tg4 g5 matt.) **0:1.**

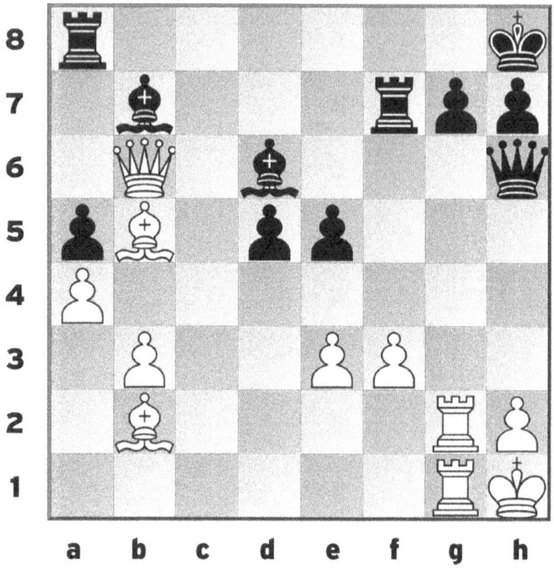

Ungestrafter Kontrollverlust

Die obige Spielposition stand in Bad Königshofen auf dem Brett. Es war nicht irgendeine Position, sondern jene, die den Kampf um die deutsche Einzelmeisterschaft 2007 entschied. Der Dortmunder Arkadij Naiditsch, 21 Jahre jung und Deutschlands Nummer eins, hatte gerade seinen König von g8 nach h8 in die Ecke geschoben, was genau genommen ein schwerer Fehler war – aber letztlich kein entscheidender. Denn Michail Prusikhin, Naiditschs Gegner an diesem Tag, fand zwar zunächst den richtigen Kombinationsansatz, versäumte dann aber die entscheidende Pointe. Kurz gesagt, Naiditsch gewann schließlich etwas glücklich die Partie und damit auch den Meistertitel, dank besserer Feinwertung vor Rainer Buhmann. „Gut, man kann das glücklich nennen, aber ich finde, ich habe die ganze Partie über kontrolliert", sagte Naiditsch. Bloß bei dem (am Ende ungestraft gebliebenen) Königszug nach h8 habe er etwas Wichtiges übersehen. Wie hätte es Prusikhin mit Weiß hübsch ausnutzen können?

Lösung: 1.Txg7! (Der einzig wahre Auftakt.) **1...Txg7** (Falls 1...Df6, gewänne u. a. 2.Dxd6! Dxd6 3.Txf7, mit den Drohungen 4.Txb7, 4.Ld3 und 4.Tg7.) **2.Txg7??** (Beide Spieler übersahen, dass stattdessen 2.Lxe5! Lxe5 3.Dxh6 gewonnen hätte.) **2...Dxg7 3.Dxd6 d4! 0:1.**

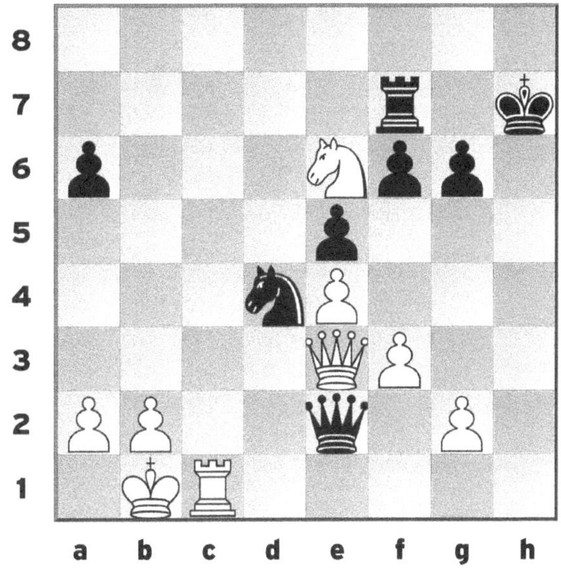

Spasski 70

Boris Spasski hat am 30. Januar seinen 70. Geburtstag gefeiert. Der zehnte Weltmeister zählt fraglos zu den größten Persönlichkeiten der Schachgeschichte; dabei sei ihm Kampfgeist, wie er selbst einmal sagte, „von Natur aus fremd“. Erst das Schachspiel habe ihn zu einem Kämpfer erzogen.

Unter schicksalhaften Umständen war er mit dem Spiel in Berührung gekommen: Als die Deutschen im Zweiten Weltkrieg seine Heimatstadt Leningrad belagerten, wurde der vierjährige Boris für einige Jahre in ein Kinderheim geschickt, 1.000 Kilometer von seiner Heimatstadt entfernt. Bald offenbarte sich seine enorme Begabung. Berühmt machen sollte ihn aber eine Niederlage: Spasski verlor in Reykjavik 1972 das legendäre WM-Duell gegen Bobby Fischer. Drei Jahre zuvor hatte er Tigran Petrosjan den WM-Titel entrissen. Doch für Viktor Kortschnoi war Spasski bereits Mitte der 1960er Jahre „der beste Figurenschieber der Welt“. Im Kandidatenfinale in Kiew 1968 bekam es Kortschnoi selber zu spüren: Was zog Spasski mit Weiß?

Lösung: 1.Dh6+! (Danach hatte Kortschnoi die unangenehme Wahl, ob er sich mit 1...Kxh6 2.Th1 mattsetzen lassen sollte oder mit 1...Kg8 2.Tc8+. Er entschied sich für die dritte Möglichkeit: Er gab auf.) **1:0.**

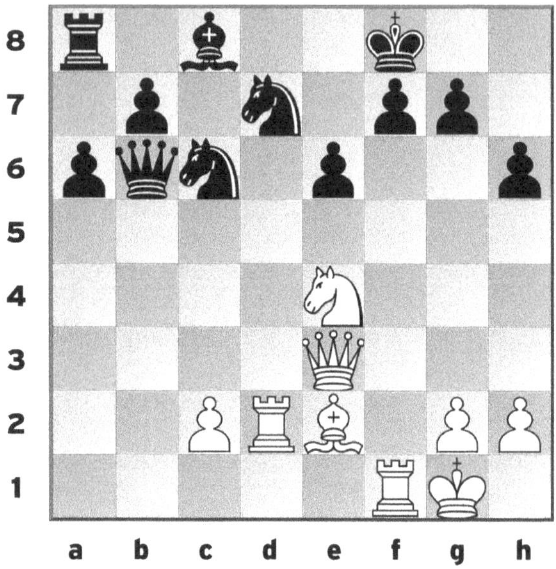

Nachfahre eines Luders

Das Wort „Luder“ hat ja nicht erst einen abfälligen Klang, seitdem man von Teppichludern liest. Im Herkunftswörterbuch steht, dass „Luder“ schon im Mittelhochdeutschen, also vor fast tausend Jahren, als Schimpfwort galt. Vor gut 500 Jahren schrieb sich ein gewisser Martin Luder an der Universität Erfurt ein; später änderten er und sein Bruder Jakob ihren Nachnamen in „Luther“.

Und heute lebt in Erfurt ein Mann namens Thomas Luther. Er sagt, zwischen ihm und dem großen Reformator Martin Luther bestehe über 16 Generationen ein Verwandtschaftsverhältnis zweiten Grades.

Schachfreaks wissen womöglich mehr über Thomas Luther als über dessen berühmten Vorfahren, denn er ist Schachprofi und einer der spielstärksten Großmeister des Landes. Thomas Luther hat allein dreimal die deutschen Einzelmeisterschaften gewonnen. In der Bundesliga verstärkt er seit dieser Saison den SC Kreuzberg. Sehen Sie, wie kraftvoll Luther, oben als Weißer am Zug, in der jüngsten Bundesligarunde Großmeister Lubomir Ftacnik vom Hamburger SK bezwang?

Lösung: 1.Txf7+! Kg8 (Falls 1...Kxf7 2.Txd7+! Lxd7 3.Dxb6, verlöre Schwarz die Dame; ebenso nach 1... Ke8 2.Sd6+ Kd8 3.Txd7+.) **2.Txg7+!** (Schwarz gab auf. Auf 2...Kxg7 folgt 3.Txd7+; und 2...Kf8 3.Tf7+! Kg8 führt zum Matt: 4.Dxb6 Sxb6 5.Lh5 Sd5 6.Txd5 exd5 7.Sf6+ Kh8 8.Th7.) **1:0.**

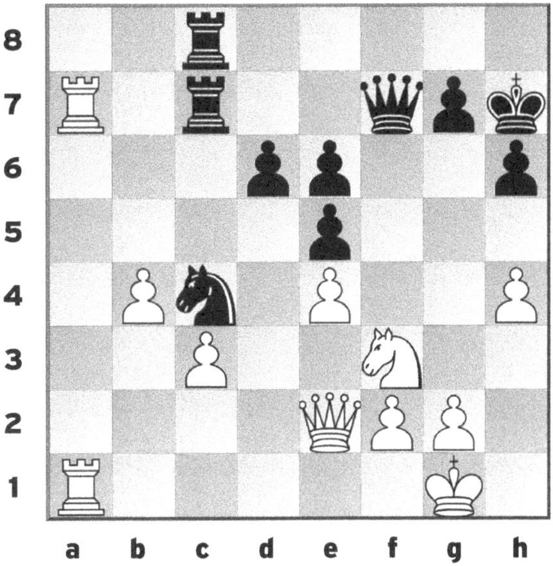

Zeichen?

An einem kurzen Videofilm scheiden sich zurzeit die Schachgeister. Hat der Weltranglisten-Erste Wesselin Topalow computergeprüfte Tipps per heimlicher Zeichengabe seines Managers Silvio Danailow bekommen oder nicht? Die seit der WM 2005 bekannten Gerüchte sind aufgekeimt. Besagter Film, zu sehen bei www.youtube.com (suche: Danailov/Topalov), stammt von einem Schachfan, der beim Turnier in Wijk aan Zee 2006 beobachtet haben will, wie Danailow die Spielhalle häufig verließ, telefonierte, wieder hereinkam und dann in einer bestimmten Ecke Handbewegungen machte, „die wie Zeichen für Topalow aussahen". So stand es in der russischen Zeitung *Kommersant*. Der Fan habe den ein Jahr alten Film erst jetzt veröffentlichen wollen, nachdem jüngst in der *Süddeutschen Zeitung* von ähnlichen Beobachtungen in Wijk aan Zee 2007 zu lesen war. Danailow nannte die Verdächtigungen „idiotisch".

Topalows Gegner im Video war übrigens Wassili Iwantschuk. Beide saßen sich nun in Morelia/Mexiko wieder gegenüber. Was zog Iwantschuk oben mit Weiß?

Lösung: 1.Dxc4! (Das war's. Topalow hatte zuvor seine Dame von e8 nach f7 gestellt, was ein grober Fehler war. Denn ob nun 1...Txc4 2.Txf7 geschieht oder 1...Txa7 2.Txa7 Txc4 3.Txf7, in beiden Fällen verbliebe Weiß mit einer Mehrfigur. Deshalb gab Topalow auf.) **1:0.**

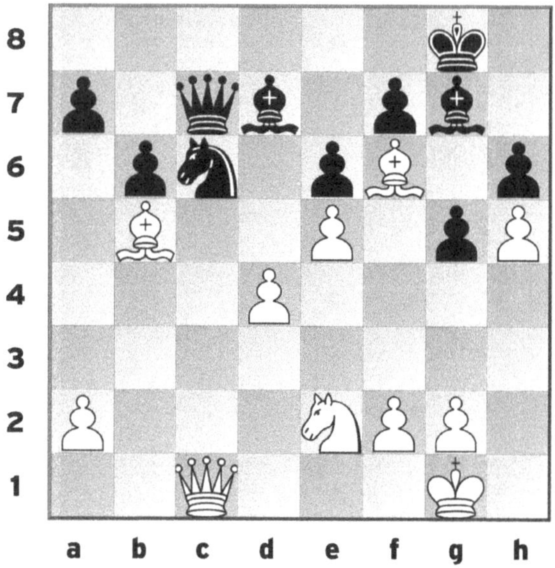

Carlsen kommt

Simen Agdestein, 39, war früher ein Fußballnationalspieler und zugleich der beste Schachgroßmeister Norwegens, Letzteres fast 20 Jahre lang. Seinen Nachfolger hat er vor acht Jahren selber entdeckt und ausgebildet: Magnus Carlsen. Der ist mittlerweile 16 und nicht nur die Nummer eins in Norwegen, sondern sogar auf dem Weg zur Spitze der Welt. „Ich bin sehr beeindruckt", sagt Agdestein über Carlsens jüngste Leistungen. Weniger gefällt ihm jedoch Carlsens Einstellung zur Schule. Agdestein, inzwischen Sportlehrer, unterrichtet ihn am Toppidrettsgymnas in Oslo, einem College für Topathleten. Magnus komme zurzeit nur selten. „Wir Lehrer wissen, dass er Wunder vollbringt, und wir versuchen, uns darauf einzustellen." Carlsen selbst hat sich auf die Weltelite eingestellt. „Er weiß jetzt, wie er die Jungs schlagen kann", sagt Agdestein.

Stimmt. Am vergangenen Dienstag, beim Turnier in Linares/Spanien, knüpfte Carlsen mit Weiß dem großartigen Wassili Iwantschuk eine Leichtfigur ab. Wie?

Lösung: 1.d5! (Dank der Fesselung in der c-Linie gewinnt Weiß entscheidendes Material.) **1...exd5 2.Sd4 Lxf6 3.exf6 Dd6 4.Lxc6 Dxf6 5.Lxd7 Dxd4** (Der Rest ist Technik.) **6.g3 Dc5 7.Dxc5 bxc5 8.Lc6 d4 9.Lb5 Kf8 10.f4 gxf4 11.gxf4 1:0** (Denn der weiße König läuft nach d3 und Schwarz gerät bald in Zugzwang.)

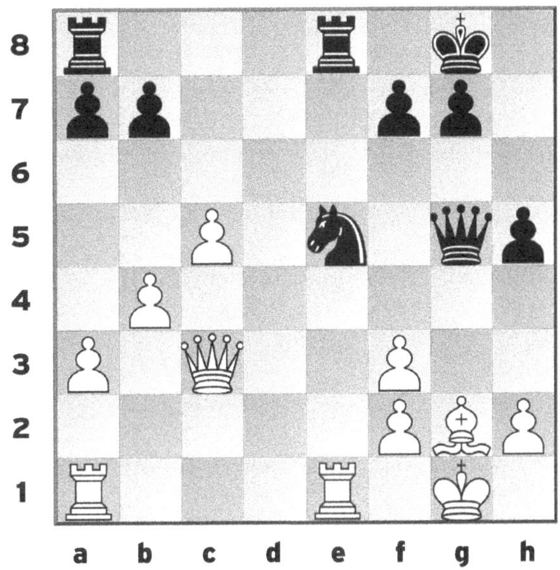

Blind und neu

Viswanathan Anand und Wassili Iwantschuk, beide Jahrgang 1969, sind mittlerweile die Oldies an der Weltspitze. Schon in ihrer Jugend waren sie Rivalen, dennoch vertrauten sie sich auf erstaunliche Weise. In seinem Buch *Meine besten Schachpartien* bekannte Anand, er habe vieles über die Eröffnungstheorie von Iwantschuk erfahren. „Ich war überrascht und dankbar, dass er mir so offen seine Ideen zeigte.“ Gerne hätte sich Anand revanchiert, „aber meine Neuerungen waren unglücklicherweise nicht so gut“. Noch heute haben „Vishy“ und „Tschuky“ spürbaren Respekt voreinander, wenngleich sie sich ihre Ideen wohl nicht mehr so offenherzig zeigen wie früher.

Es sei denn, sie treten wieder einmal gegeneinander an, wie jetzt im kombinierten Blind- und Schnellschachturnier in Monaco. In ihrer Blindpartie, in der beide also ohne Ansicht der Figuren spielten, hatte Iwantschuk Anand mit einer Neuerung überrascht und wenig später die obige Stellung erreicht. Sehen Sie, wie der Ukrainer mit Weiß fortsetzte?

Lösung: 1.f4! (Iwantschuk lockt die schwarze Dame nach f4, um sie dort sogleich mit Tempogewinn anzugreifen.) **1...Dxf4 2.Te4** (Und Anand kapitulierte, denn er könnte die Fesselung in der e-Linie nicht abschütteln; z.B. 2...Df5 3.Tae1 f6 4.f4, mit Figurengewinn.) **1:0.**

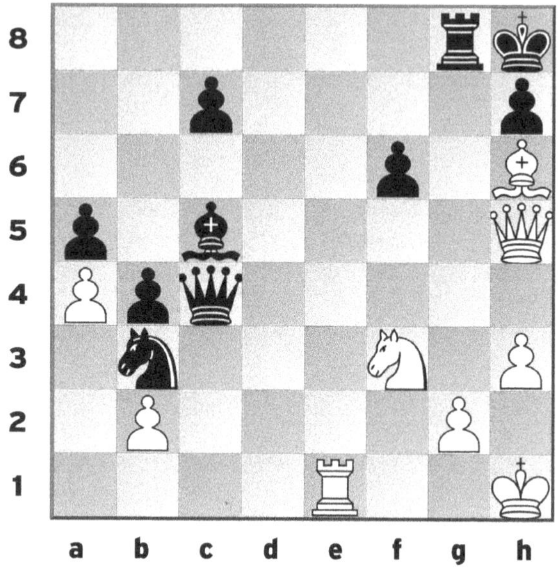

Das gute Spanisch

Das Schachspiel sei erst dann tot, wenn irgendein Supercomputer errechne, dass „Weiß 1.e4 spielt und gewinnt". Dies hatte einmal der frühere Weltmeister Michail Tal gesagt. Allerdings kommt vielleicht niemals der Tag, an dem aus der Grundstellung heraus ein zwangsläufiges Matt in, sagen wir, 297 Zügen nachgewiesen sein wird. Im Schach stecken ja fast unendlich viele Möglichkeiten. Jeder kann aber spaßeshalber schon mal testen, welche Anfangszüge heutige PC-Programme für die besten halten. Lässt man eines der führenden Programme längere Zeit allein rechnen – ohne das gespeicherte Eröffnungsbuch –, empfiehlt es: 1.e4 e5 2.Sf3 Sc6 3.Lb5! Zum gleichen Ergebnis kam der spanische Geistliche und Schachspieler Ruy López de Segura – vor fast 500 Jahren!

Auch unter Großmeistern gilt die nach Ruy López benannte „Spanische Partie" als besonders nachhaltig. Zu dessen Ehren gab es nun in Zafra ein Festival. Dort besiegte der Spanisch spielende Inder Krishnan Sasikiran, oben mit Weiß, Ruslan Ponomarjow. Wie?

Lösung: 1.Se5! (Diese Gabel hatte Ponomarjow nicht beachtet. Nun ist er machtlos gegen die Doppeldrohung 2.Sxc4 und 2.Sf7+, denn 1...fxe5 2.Dxe5+ würde zum Matt führen.) **1:0.**

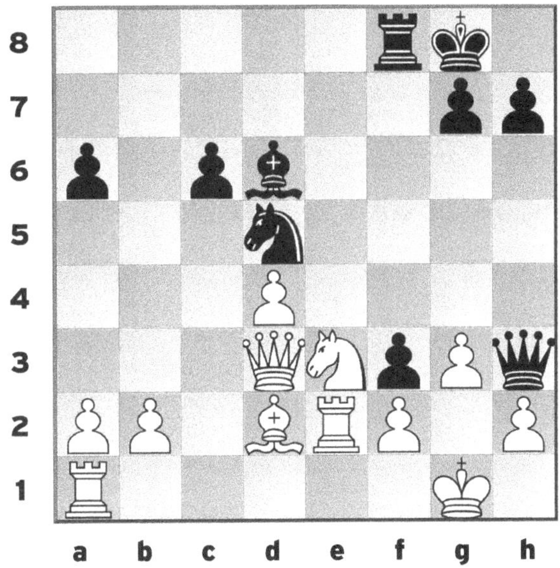

Ein Hamburger Pokerface

Wer Schachgroßmeister ist und beispielsweise auf Platz 100 der Weltrangliste steht, verfügt über unbeschreiblich tiefe Einblicke in ein edles Spiel. Doch trotz aller ästhetischen Reize geht neuerdings mancher Großmeister fremd – weg vom Schach, hin zum boomenden Pokern. Nicht obwohl, sondern weil Pokern seinen Reiz hauptsächlich aus den Geldeinsätzen bezieht. Darin liegt nämlich für „Fremdgeher" die Motivation: Erfolgreich pokern mit Konzentration und systematischem Denken, den beim Schach erlernten Tugenden. Zwar braucht ein um Platz 100 platzierter Schachprofi keinen Hunger leiden, aber viel Geld verdienen eben nur die Top-Ten-Spieler. Der Hamburger Großmeister Jan Gustafsson sagt: „Zwischen dem, was ich beim Schach und beim Pokern gewinne, liegen Welten."

Glücklicherweise spielt der 27-Jährige trotzdem noch Schach. Und wie! Bei der EM in Dresden wurde er Neunter. Die reizvollste Kombination gelang ihm mit Schwarz gegen Arkadij Naiditsch, seinen Kollegen im Nationalteam. Was zog Gustafsson?

Lösung: 1...Tf4! (Ein herrliches Turmopfer. Naiditsch gab sofort auf, denn 2.gxf4 Lxf4 nebst ...Dxh2+ würde zum Matt auf h1 führen. Weiß ist machtlos gegen den Plan 2...Th4! 3.gxh4 Dxh2+. Auch 2.Dxa6 Th4! 3.Da8+ hätte nichts mehr geholfen, wegen 3...Kf7! 4.Db7+ Se7 5.Db3+ Kf8 6.Sf1 Dg2 matt. Schwächer wäre 1...Tf6? 2.De4! gewesen.) **0:1.**

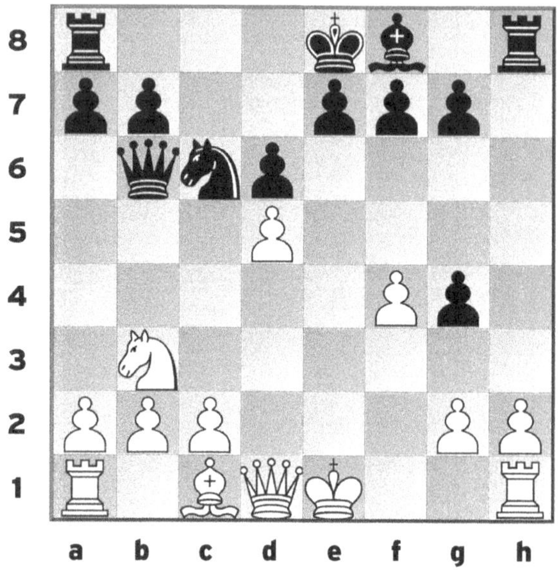

Vatermord

Der US-Amerikaner Reuben Fine – vor 70 Jahren einer der weltbesten Spieler, später Psychoanalytiker – beschäftigte sich auch tiefenpsychologisch mit Schachfiguren. Beispielsweise symbolisiere der König für Jungen unbewusst den Phallus, weil ein König von überragender Wichtigkeit und zugleich schutzbedürftig und schwach sei. Der gegnerische König stehe hingegen als Sinnbild für den eigenen Vater, den es im ödipalen Sinne umzubringen gelte. Jungen könnten sich laut Fine auch gut mit Bauern identifizieren. Diese würden gewissermaßen erwachsen, sobald sie am anderen Ende des Brettes angelangt sind und in einer quasi transsexuellen Umwandlung zu einer mächtigen Dame mutieren dürfen – aber niemals zu einem König.

Na ja, beide Motive, Vatermord und Umwandlung, spielten auch neulich bei einem Turnier in Norwegen wieder eine Rolle. Was zog der Bayer Gregory Pitl, oben mit Schwarz, gegen Großmeister Dimitri Reinderman? Ein Tipp: Es war nicht 1…g3, dann nämlich hätte Weiß mit 2.De2 Txh2 3.Le3! noch kämpfen können.

Lösung: 1...Txh2! 2.Txh2 (Oder 2.Tf1 Txg2 3.dxc6 Db4+ 4.Sd2 Dd4! und gewinnt, Idee: ...De3+.) **2...g3!** (Droht Matt auf f2. Nicht 2...Dg1+? 3.Kd2 Dxh2 4.Dxg4.) **3.Dh5 Dg1+ 4.Ke2 gxh2 5.Le3 Dxg2+! 6.Lf2 De4+ 7.Le3 Sb4 8.Sd2** (Oder 8.Dxh2 Sxc2.) **8...Dg2+ 9.Lf2 Sxd5 0:1** (wegen 10.Df3 Sxf4+ 11.Dxf4 h1D).

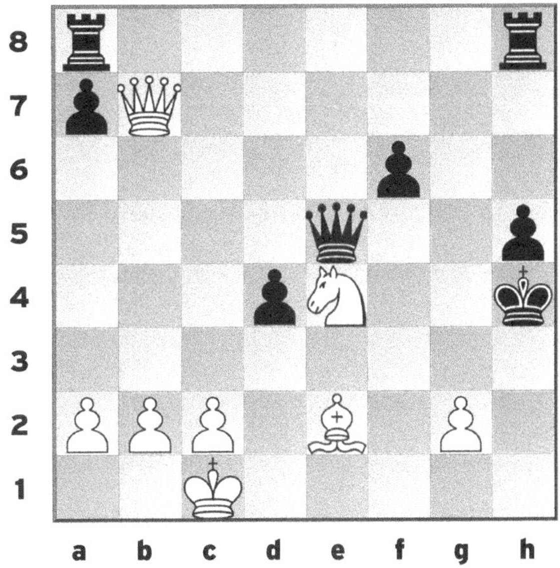

Treue Feinde

Ein Brite namens Alec Holden ist 100 Jahre alt geworden und hat mit dieser Leistung 25.000 Pfund gewonnen. Vor zehn Jahren hatte er bei einem Buchmacher 100 Pfund darauf gewettet, dieses Alter zu erreichen. Holdens Tipp fürs Leben: täglich eine Schüssel Brei und eine Partie Schach!

So gesehen ist vielleicht auch Viktor Kortschnoi ein Kandidat für die Hundert. Trotz seiner 76 Jahre beschäftigt er sich immer noch fünf Stunden am Tag mit Schach. Seltsamerweise spielt Kortschnoi aber bei der russischen Meisterschaft, die zurzeit in Sotschi läuft, ausgerechnet mit seinem Lieblingsfeind Anatoli Karpow im selben Team, Ural Tscheljabinsk. Leidet Kortschnoi plötzlich an Vergesslichkeit? Zur Erinnerung: In den Jahren 1978 und 1981 hatte sich der Sowjetflüchtling zwei erbitterte WM-Kämpfe mit dem regimetreuen Weltmeister Karpow geliefert. Heute scheinen sie sich eher an den durchaus friedlichen Ursprung ihrer Beziehung zu erinnern: Wie rückte Karpow oben mit Weiß, in einer Trainingspartie von 1971, Kortschnois König zu Leibe?

Lösung: 1.g3+! Kh3 2.Sf2+ Kh2 (Auch nach 2...Kxg3 käme die weiße Dame ins Spiel, bevor der Springer mit Kraft nach e4 zurückkehrt: 3.Df3+ Kh4 4.Se4! - Idee: Df3-h1+ - 4...Dh2 5.Dxf6+ Kh3 6.Df5+ Kh4 7.Dg5+ Kh3 8.Lf1+.) **3.Dh1+ Kxg3 4.Se4+ Kf4 5.Df3 matt 1:0.**

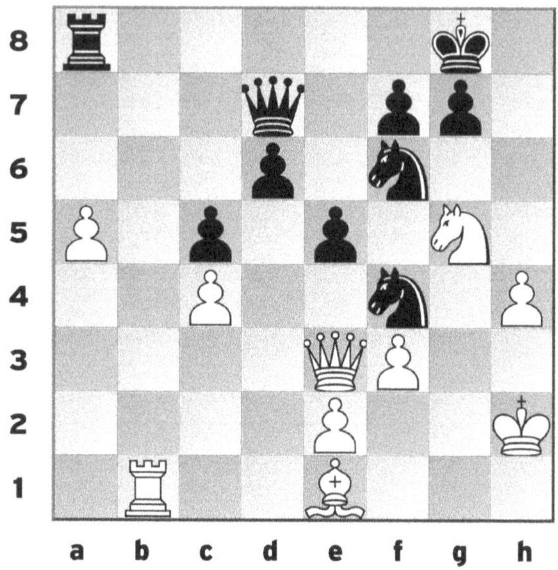

Ethikkommission tagt

Als Großmeister Nigel Short vor Monaten forderte, der Weltschachbund Fide müsse untersuchen, ob Wesselin Topalow während mancher Partien unbemerkt Computerhilfe erhalten habe, tadelte der Brite im selben Interview auch zwei hochrangige Fide-Funktionäre, die unter anderem durch Inkompetenz auffällig geworden seien. Ein Seitenhieb mit Folgen. Zwar gab es keine Untersuchung – Topalow weist jeden Manipulationsverdacht zurück –, aber jetzt soll Short vor die Ethikkommission der Fide zitiert werden. Wegen seiner nebenbei formulierten Kritik an den Funktionären! Dass diese besonderen Wert auf ethisches Verhalten legen, hatten sie bislang wirklich gut verborgen; nun aber sind die Funktionäre der Meinung, Short habe dem Ansehen des Weltschachbundes geschadet.

Wie dem auch sei, Short bleibt gelassen. „Ich habe keinen Zweifel, die Sache zu gewinnen", sagt er. Auch in der Diagrammstellung, die soeben beim Kanada-Open in Ottawa aufs Brett kam, hatte Short, mit den schwarzen Steinen gegen Tom O'Donnell, den Sieg vor Augen. Wieso?

Lösung: 1...Sh7! (Der Springer g5 wird vom Punkt h3 abgelenkt.) **2.Dg1** (Oder 2.Sxh7? Dh3+ bzw. 2.Df2 Sxg5 3.hxg5 Dh3+ 4.Kg1 Dh7!) **2...f6 3.e3 Sxg5 0:1** (Wegen des Matts auf h3 sind die Springer tabu, und auf 4.Df1 gewänne u. a. 4...Df5, z. B. 5.Td1 Sfe6 6.hxg5 Sxg5 7.Txd6 Kf7!, mit der Angriffsidee ...Th8+.)

Ende August 2007 sprach eine mit unabhängigen Juristen besetzte Ethikkommission des Weltschachbundes Fide Nigel Short (Bild) eine „Verwarnung“ aus, weil der Brite bei seiner Kritik an zwei Fide-Funktionären das Wort „Dummköpfe“ verwendet hatte (siehe Seite 48).

Am gleichen Tag erteilte die Ethikkommission Wesselin Topalow einen „strengen Verweis“ (samt einjähriger Bewährungszeit) für seine diffamierenden Äußerungen gegenüber Wladimir Kramnik im Zusammenhang mit der Skandal-WM 2006 in Elista. Die Kommission ahndete unter anderem Topalows Aussagen in einem Interview mit der spanischen Zeitung *ABC*, in dem der Bulgare - ohne einen Beweis zu nennen - Kramnik Betrug unterstellt hatte. Topalows Manager, Silvio Danailow, bekam einen „Verweis“.

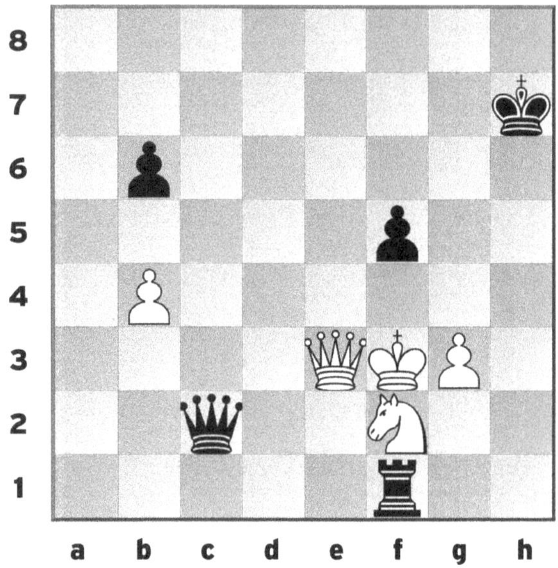

Rote Flecken

Sollten die Großmeister mal ihren beliebtesten Kollegen wählen, Boris Gelfand hätte beste Chancen auf einen Spitzenplatz. Hoch geschätzt wird auch das tiefe Schachverständnis des aus Weißrussland stammenden und seit einem Jahrzehnt in Rishon le Zion/Israel lebenden Mannes. „Unglaublich, Boris ist seit fast 20 Jahren Weltklasse, in letzter Zeit spielt er wieder sehr frisch", schwärmt Peter Leko. Und Weltmeister Kramnik imponiert, dass in Gelfands Partien alle Züge „wie die Glieder einer logischen Kette erscheinen". Leicht zu finden ist diese Logik aber nicht; Schach sieht bei Gelfand eher wie Schwerstarbeit aus. Mit roten Flecken im Gesicht, die Hände als Kopfstütze im Haar vergraben, sitzt er oft stundenlang vorm Brett, daneben stets ein isotonisches Getränk.

Heute, am 24. Juni, verbringt er seinen 39. Geburtstag im Dortmunder Schauspielhaus – wieder am Brett. Erst vor kurzem hatte sich Gelfand, oben mit Schwarz gegen Gata Kamsky, für die kommende WM qualifiziert. Mit welchem Zug?

Lösung: 1...Txf2+! (Mit diesem schlichten Schlag erledigten sich Kamskys vage Remishoffnungen. 1... Txf2+ war Gelfands letzter Zug bei den Kandidatenkämpfen in Elista/Russland; das Matt nach 2.Dxf2 De4 ließ sich Kamsky nicht mehr zeigen.) **0:1.**

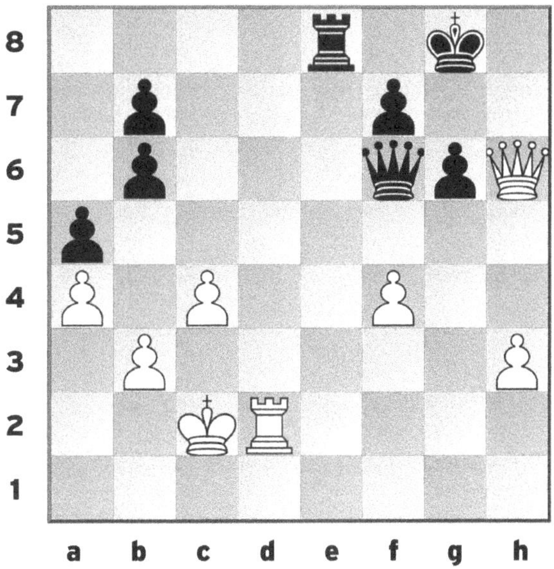

„Schachspieler sind Künstler"

Laut Kunst-Brockhaus hat kaum ein anderer die Kunst des 20. Jahrhunderts so sehr geprägt wie Marcel Duchamp. Dabei hatte Duchamp, dessen Geburtstag sich am 28. Juli zum 120. Mal jährte, ein eher zwiespältiges Verhältnis zu den Künstlerkollegen und zum damaligen Kunstbegriff sowieso. Nicht von ungefähr kehrte er in den 1920er Jahren dem Kunstbetrieb den Rücken, um sich ausgiebig mit dem Schachspiel zu befassen. Er analysierte, schrieb, spielte Turniere und nahm sogar für die französische Nationalmannschaft an Schacholympiaden teil.

Für Duchamp waren die Schachspieler „so schön verrückt, wie die Künstler eigentlich sein sollten, aber leider nicht sind". Jeder Schachspieler erführe ein ästhetisches Vergnügen, vergleichbar mit der poetischen Idee beim Schreiben. „Wenn auch nicht alle Künstler Schachspieler sind, so sind doch alle Schachspieler Künstler", sagte Duchamp.

Oben fand er mit Schwarz (gegen Jan Kleczynski bei der Schacholympiade in Paris 1924) den einzigen Gewinnzug. Welcher war's?

Lösung: 1...Te3! (Leise und stark. Die Schachdrohung auf c3 entscheidet nun. Hingegen führte 1...Df5+? 2.Kb2 zu nichts; und auf andere denkbare Züge hätte sich Weiß noch mit 2.Dg5 retten können.) **2.Dg5** (Auf 2.Td3 gewänne 2...Df5.) **2...Dc3+ 3.Kd1 Da1+ 0:1.**

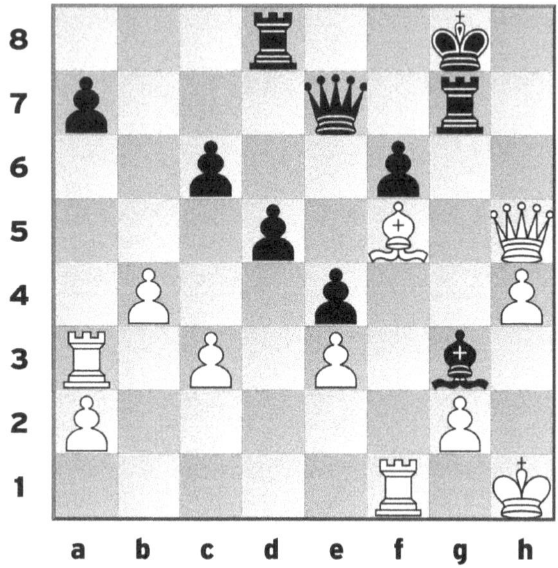

Der letzte Zug als Profi

Vor 14 Tagen war er in Singapur, zurzeit ist er in Mainz, und bald fliegt er nach Mexiko. In diesem Jahr ist Ian Rogers wieder auf fast allen Kontinenten gewesen. Kein anderer Großmeister kommt so viel herum wie Rogers, der seit einem Vierteljahrhundert Australiens bester Spieler und zugleich ein weltbekannter Schachjournalist ist. Neuerdings ist er aber nur noch als Journalist unterwegs. Und im nächsten Jahr wolle er mit seiner Frau Cathy ganz neue Wege einschlagen. „Welche, wissen wir noch nicht." Seine Ärzte diagnostizierten bei ihm einen Nierenschaden und empfahlen dringend Schonung. Im Juli gewann er noch ein Turnier in Adelaide, danach gab er tatsächlich bekannt, nie wieder Turnierschach zu spielen. „Die Partie gegen Andras Toth war meine letzte", sagte Rogers. „Wieder mein typisches verdächtiges Positionsspiel, gewürzt mit trickreicher Taktik."

Die obige Stellung zeigt genau jenen Moment vor dem offenbar letzten Zug seiner Profikarriere. Mit welchem finalen Trick überlistete Rogers als Weißer Andras Toth?

Lösung: 1.Txa7! (Schwarz gab auf, denn das Matt wäre nach 1...Dxa7 2.Le6+ nicht mehr weit; z. B. 2... Kf8 3.Dh8+ Ke7 4.Dxg7+ oder 2...Tf7 3.Txf6 Tdd7 4.Dg5+ Kf8 5.Dh6+ Ke8 6.Dh8+ Ke7 7.Txf7+ Kxe6 8.Df6 matt.) **1:0.**

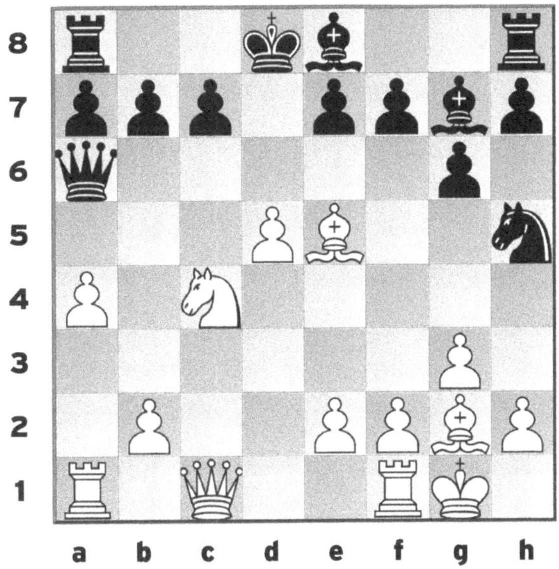

Frühes Nachdenken

Dass alles immer schneller wird, sieht man auch im Schach. Bis ins Mittelalter durften die Bauern zum Beispiel immer nur ein Feld nach vorne rücken, aber irgendwann fand man, dass es zu lange dauerte, bis mal ein bisschen Stimmung aufkam. Danach durften die Bauern von ihrer Ausgangsstellung aus zwei Felder nach vorn rücken. Oder die Hängepartien, die vor 20 Jahren abgeschafft wurden. Seitdem müssen die Spiele am gleichen Tag nach höchstens sieben Stunden beendet sein. Und in 20 Jahren ist Schach vielleicht so dynamisiert, dass alle nur noch Schnellpartien spielen, mit 20 Minuten Bedenkzeit.

Wie jüngst in Mainz, wo auch wieder Schach960 auf dem Plan stand. Ob sich diese Spielart durchsetzt, bei der die Grundstellung der Figuren zuvor ausgelost wird, bleibt aber fraglich. „Es ist wie normales Schach, bloß dass du schon vor dem ersten Zug nachdenken muss", sagte Viorel Bologan, der das stark besetzte 960-Open gewann. Wie schlug er oben mit Weiß den Weltklassemann Schachrijar Mamedjarow?

Lösung: 1.Lxc7+! (Lockt den König ins Freie.) **1...Kxc7 2.Sb6+! Kxb6** (Sonst gewänne 3.Sxa8.) **3.De3+ Kc7** (Oder 3...Ka5 4.Dc5+.) **4.Dxe7+ Ld7 5.d6+** (Schwarz ist verloren, z. B. 5...Dxd6 6.Tac1+, oder 5...Kb6 6.De3+ Ka5 7.Dc5+, oder 5...Kb8 6.Dxd7 Tc8 7.Tac1 bzw. 6...Db6 7.a5.) **1:0.**

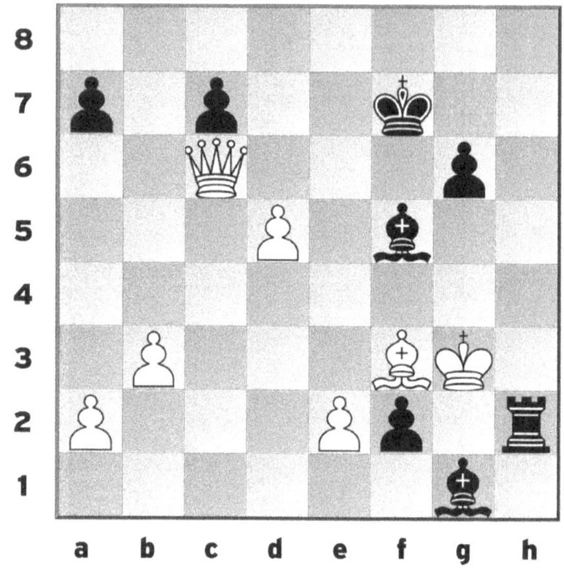

Mülheims neue/r Maxime

Wenn der Deutsche Meister OSC Baden-Baden in Bestbesetzung antritt, wird kein deutscher Spieler dabei sein. Es wäre nicht der erste Bundesligist, der nur ausländische Profis an die acht Bretter setzt. Manche sagen, das Wort „deutsche Meisterschaft" sei längst ad absurdum geführt; sie fordern eine Quote. Andere sagen, man müsse in einem weltoffenen Land aufstellen dürfen, wen man will. Die Liga zwischen Söldnertum und Deutschtümelei?

Einige Klubs streben Mischungen an, bislang auch der SV Mülheim/Nord. Zwar standen dort auch ausländische Großmeister im Kader, sie wurden aber nicht jedes Mal eingeflogen, sondern lebten in der Umgebung, mit Bindung zum Verein. Doch nun verwarfen die Mülheimer vor dem Hintergrund ihres Beinahe-Abstiegs das Konzept und holten fünf internationale Cracks.

Auch den erst 16-jährigen Maxime Vachier-Lagrave, der gerade die französische Einzelmeisterschaft gewonnen hat. Dabei krönte er mit Schwarz gegen Großmeister Robert Fontaine seinen Angriff formidabel. Wie?

Lösung: 1...f1S+! (Nur die Umwandlung in einen Springer gewinnt. Nach 1...f1D? würde Weiß sich in ein ewiges Schach retten, z. B. 2.Dxc7+ Kg8 2.Dd8+ Kg7 3.De7+ usw.) **2.Kf4 Th4+! 3.Kg5** (Oder 3.Ke5 Ld4 matt.) **3...Le3+! 4.Kxh4 g5+ 5.Kh5 Sg3+** (Weiß gab auf, wegen 6.Kh6 g4 matt) **0:1.**

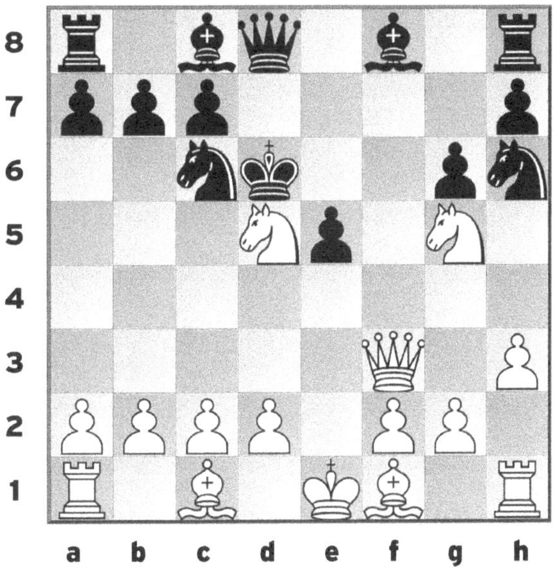

In Goethes Schränken

Neulich bin ich ein bisschen auf Goethes Spuren geradelt. Los ging es in Erfurt, wo der Dichter im Jahr 1808 Napoleon Bonaparte getroffen hatte und angeblich schwer beeindruckt war. Dann weiter nach Ilmenau und raufgekraxelt zu Goethes „Pirschhäuschen". Später schlich ich auch noch durch sein Wohnhaus am Frauenplan in Weimar. Obwohl in Goethes Werken hier und da vom Schachspiel die Rede ist und er seinen Sohn August die Regeln lehrte, steht heute in den Räumen des Universalgenies nirgendwo ein Schachbrett herum. In einem der Schränke liegt bloß ein olles Kartenspiel. Tja, nach Goethes Worten ließ sich die kostbare Lebenszeit sinnvoller füllen; mit 73 Jahren schrieb er in einem Brief: „Ich habe keinen Tabak geraucht, nicht Schach gespielt, kurz, nichts betrieben, was die Zeit rauben könnte."

Napoleon hingegen fühlte sich häufiger hingezogen zum Schach, beispielsweise soll er im Jahr 1804 die obige Stellung mit Weiß gegen Madame de Remusat glanzvoll zum Sieg geführt haben.

Lösung: 1.Se4+! (Am schönsten und am stärksten, denn nun wird der schwarze König in ein Mattnetz gezerrt.) **1...Kxd5 2.Lc4+! Kxc4** (Die Ablehnung des Läuferopfers 2...Ke6 3.Lc4 hätte natürlich auch nichts geholfen.) **3.Db3+! Kd4 4.Dd3 matt.**

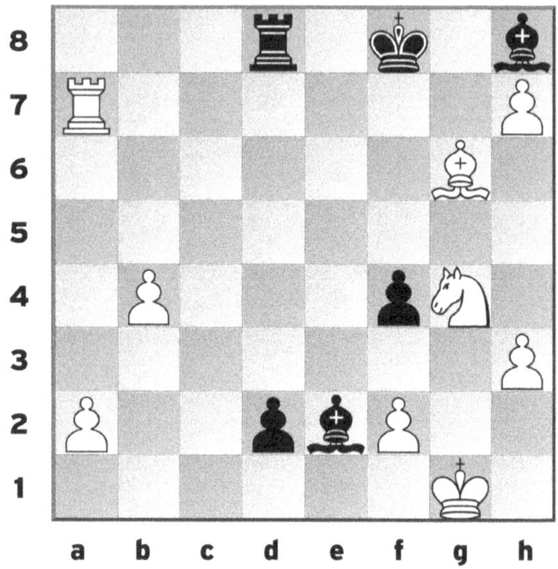

Zugzwang

Der irische Schriftsteller Ronan Bennett hat in Berlin seinen neuen Roman *Zugzwang* vorgestellt. Dieser spielt in St. Petersburg 1914 und handelt von Mord und Intrige, Liebe und Verrat – und auch, wie schon der Titel vermuten lässt, von Schach. Bei St. Petersburg 1914 denkt unsereins natürlich an das berühmte Turnier, an dem damals auch Akiba Rubinstein teilnahm. Dieses Schachgenie wiederum diente Ronan Bennett als Vorlage für seinen Helden Awrom Rozental.

Am Anfang der Lektüre wird ein Mann namens Gulko, Herausgeber einer Zeitung, auf der Uferstraße der Moika ermordet. Gulko? Ja, bei Bennett heißen einige Figuren wie bekannte Großmeister; einen anderen hat er zum Beispiel Grischuk genannt.

Der wahre Grischuk, Großmeister Alexander Grischuk, ist soeben bei der Weltmeisterschaft in Mexiko-Stadt nur Letzter geworden. In Zugzwang befand sich der Russe oben zwar nicht, allerdings erzwang Levon Aronjan, als Weißer am Zug, auf raffinierte Weise ein Matt in vier Zügen. Wie?

Lösung: 1.Tf7+ Ke8 2.Sf6+! (Viel deutlicher als 2.Txf4+?! Ke7 und Grischuk hätte dank seines d-Bauern noch kämpfen können.) **2...Lxf6 3.Tg7+!** (Die Pointe: Aronjan versperrt dem schwarzen Läufer die Sicht nach h8, so dass Grischuk, angesichts 3...Kf8 4.h8D matt, aufgab.) **1:0.**

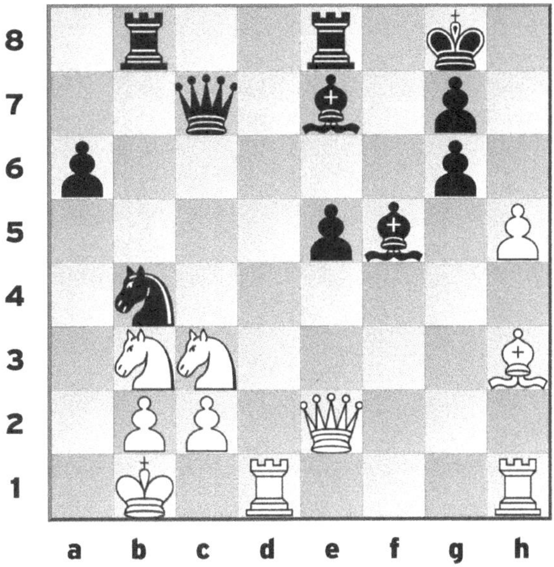

Anand, der 15.

Es fällt leicht, die Weltmeister zwischen den Jahren 1886 und 1993 aufzuzählen. Von Wilhelm Steinitz bis Garry Kasparow sind es 13 Giganten. Die Mozarts und Beethovens des Schachs sozusagen. Ab 1993 wird es kompliziert. Kasparow hatte ja einen eigenen Verband gegründet und damit Chaos ausgelöst. Fortan gab es zwei Weltmeister, einen offiziellen und den „wahren". Schließlich wurde Wladimir Kramnik, als er Kasparow im Jahr 2000 bezwang, der 14. Weltmeister. Doch inzwischen hatte auch der Weltverband Fide einen 14., Alexander Chalifman. Und bis zum Ende der Chaosjahre (2006) kamen noch ein paar Fide-Weltmeister hinzu, u. a. Viswanathan Anand.

Seit Ende September ist der Inder alleiniger Weltmeister. „Mir ist egal, ob der 14. Chalifman heißt oder Kramnik", sagt Anand, „ich bin nach beiden Zählungen der 15."

Im WM-Kampf 2008 wird ihn Kramnik herausfordern. Als es zwischen beiden zur obigen Stellung kam (in Mainz 2001), waren sie noch gleichzeitig Weltmeister. Was zog Anand mit Weiß?

Lösung: 1.hxg6! (Denn Anands Idee war 1...Lxc2+ 2.Dxc2! Sxc2 3.Le6+ Kf8 4.Th8 matt.) **1...Lxh3 2.Txh3 Lg5 3.Se4! Lf4** (Oder 3...Lh6 4.Txh6! gxh6 5.Sf6+ nebst 6.Td7 und gewinnt.) **4.Sbc5!** (Kramnik gab auf. Falls z. B. 4...Lh6, so 5.Dc4+ Kh8 6.Td7 Dc6 7.Txh6+ gxh6 8.Th7 matt.) **1:0.**

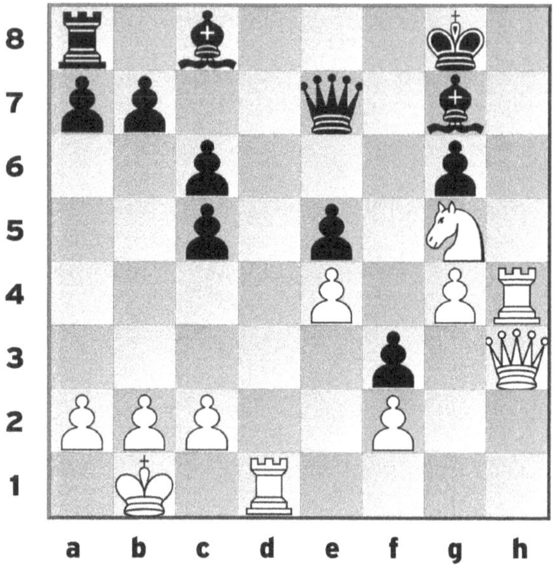

Mit viel Energie

Wie ein Weight Watcher bei der Ernährung auf die Energiezufuhr achtet (Banane = 1 Punkt, Brötchen mit Käse = 4 Punkte), rechnet ein Anfänger im Schach bei jedem Figurentausch leise mit; denn ein altbekanntes Wertesystem hilft ihm bei der Orientierung: Bauer = 1 Punkt, Springer = 3 Punkte, Turm = 5 Punkte usw. Wer mehr Material besitzt, hat ja oft die besseren Chancen. Aber nicht immer. Fortgeschrittene begreifen schon eher, in welchen Momenten sie weniger materialistisch denken und lieber etwas opfern sollten; beispielsweise eine Qualität, also einen Turm für einen Springer oder einen Läufer.

Unter Könnern sind solche Qualitätsopfer längst gang und gäbe, um etwas Bestimmtes zu erreichen, sei es einen starken Angriff oder die bessere Bauernstruktur. Neulich hat aber jemand nur aus Not die Qualität geopfert: Trajce Nedev bei der Team-EM in der Türkei. Doch Luxemburgs Großmeister Alberto David, oben mit Weiß, bewies reizvoll, dass seinen Figuren mehr Energie innewohnte.

Lösung: 1.Th8+! (Hübsch, effektiv und viel klarer als z.B. 1.Sxf3?! Le6 2.Th1 Kf8. Es ging aber auch zuerst 1.Td8+!) **1...Lxh8 2.Td8+!** (So lenkt der Turm die schwarze Dame von der siebten Reihe ab. Schwarz ist machtlos gegen das Matt, z.B. 2...Dxd8 3.Dh7+ Kf8 4.Df7.) **1:0.**

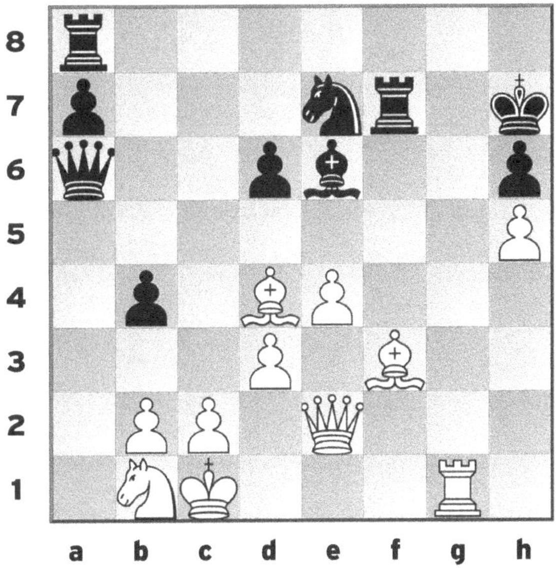

Individualist als Teamspieler

Obwohl Schach ein höchst individuelles Spiel ist, wird es von jeher auch als Mannschaftssport betrieben. Das mag seltsam erscheinen, denn auch im Team bleibt jeder auf sich allein gestellt. Viele reizt jedoch der Beitrag des Einzelnen am Endprodukt. Die Spieler und Spielerinnen einer Schachmannschaft arbeiten stundenlang schweigend an ihren Plänen wie die Autoren einer Zeitung an ihren Texten. Am Ende des Tages entscheidet immer die Summe aller Einzelergebnisse über Erfolg oder Misserfolg, über Qualität oder Quatsch.

So viel Qualität wie in der Schachbundesliga findet man in keiner Liga der Welt; die 16 Teams haben in dieser Saison allein 135 Großmeister aufgestellt. Und nun, nach den ersten Runden der Saison, hält der Deutsche Meister OSC Baden-Baden schon wieder die Tabellenspitze. Obwohl Weltmeister Viswanathan Anand und andere Stars diesmal fehlten. Dafür zeigte Sergej Movsesjan mit Weiß (gegen Kreuzbergs Raj Tischbierek) einen feinen, aber schwierig zu findenden Gewinnweg. Sehen Sie ihn?

Lösung: 1.Tg6! (Droht u. a. 2.Dg2! nebst 3.Tg7+.) **1...Sxg6** (Nach 1...Lh3 2.e5 entschiede die Doppeldrohung 3.Lxa8 und 3.e6.) **2.hxg6+ Kxg6 3.Lh5+ Kh7** (Oder 3...Kg5 4.Lxf7 Lxf7 5.Dg2+, z. B. 5... Kh5 6.Dh3+ Kg5 7.Df5+ Kh4 8.Lf2 matt.) **4.Lxf7 Lxf7 5.Dg4! 1:0** (Wegen 5...Tg8 6.Df5+! Lg6 7.Dd7+ nebst matt.).

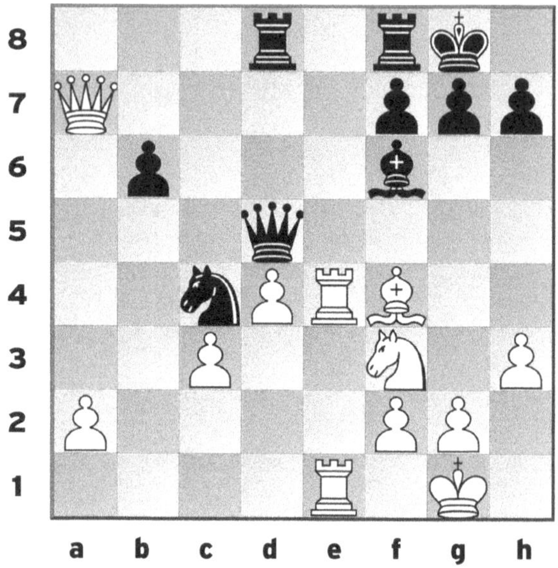

Polgars Falle

Man ist, wie man isst. Es heißt aber nicht: Man ist, wie man spielt. Zumindest beim Schach steht der Spielstil eines Menschen oft im scharfen Gegensatz zum Wesen desselben. Wenn im Grunde erfreuliche Persönlichkeiten vor ihren Holzfiguren sitzen, scheinen sie plötzlich wie verwandelt und schmieden dämonische Pläne. So redet die Ungarin Judit Polgar mitunter derart smart, dass man sich wünschte, sie würde einmal so deutlich, wie sie es auf dem Brett zu tun pflegt. Polgar, seit über 15 Jahren die weltbeste Spielerin und mittlerweile zweifache Mutter, zeigte gerade wieder in Vitoria/Spanien einige ihrer gefürchteten Kombinationen. Ex-Weltmeister Anatoli Karpow, beispielsweise, hatte gegen sie schon zwei Bauern erobert und war dem Sieg nahe, ehe sie ihn mit einem verrückten Springerzug vollends verwirrte.

Und oben ging auch Wesselin Topalow, der soeben mit seiner Dame auf dem Feld a7 einen Bauern verspeist hatte, in Polgars Falle. Wie erzielte sie mit Schwarz klaren Materialvorteil?

Lösung: 1...Ta8 2.Dc7 Ld8! (Nur so sitzt die Dame in der Falle. Bloß nicht 2...Tfc8?? 3.Dxc8+! Txc8 4.Te8+.) **3.Te5** (Noch am zähesten.) **3...Lxc7 4.Txd5 Lxf4** (Dank ihrer Mehrfigur wird sich Polgar ohne große Mühe durchsetzen.) **5.Te2 Ta3 6.Tc2 Tfa8 7.Kf1 Kf8 8.Ke2 Txa2** ... und bald **0:1.**

Judit Polgar

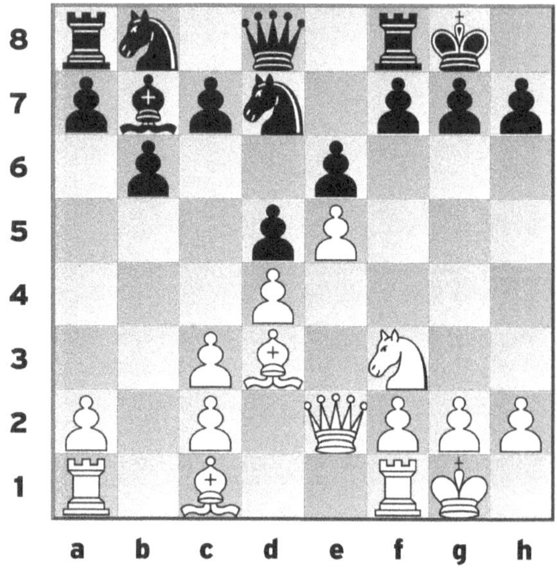

Albert, Fritz und Ludwig

„Es war schon früher mein Traum, gegen den Weltmeister zu spielen“, sagt Matthias Wüllenweber. Doch leider sei er als Schachspieler „so unterdurchschnittlich wie als Physiker und Musiker“. Das mag ja alles sein, aber Wüllenweber ist zweifellos ein großer Erfinder. Sein Datenbankprogramm *Chessbase* hatte einen revolutionären Einfluss auf das moderne Schach. Der diplomierte Physiker schrieb auch mal eine Physik-Software, die er *Albert* nannte. Zudem ist er einer der Väter von *Fritz*, jenem Schachprogramm, das vor einem Jahr den damaligen Weltmeister Wladimir Kramnik besiegte. Wüllenwebers neuste Erfindung heißt *Ludwig* – eine Software, die Musik komponiert. Ähnlich wie *Fritz* nach bestimmten Bewertungsfunktionen die besten Züge errechnet, sucht der mit Harmonielehre gespeiste *Ludwig* die „besten“ Melodien zu Klassik, Jazz oder Rock.

Auch der Server Schach.de, auf dem Tausende Tag und Nacht blitzen, ist Wüllenwebers Kind. Oben kombinierte er, mit Weiß unter dem Decknamen „Ludwig“, selber im Internet.

Lösung: 1.Lxh7+! (Das klassische Läuferopfer.) **1...Kxh7** (Oder 1...Kh8 2.Sg5 g6 3.Dg4 und ggf. 4.Dh4.) **2.Sg5+ Kg8** (Falls 2...Kg6, gewänne 3.Dd3+ ebenso wie die Idee h4-h5+.) **3.Dh5** (Nun war das Matt auf h7 für „Pemerl“ nicht mehr sinnvoll zu verhindern.) **3...Dxg5 4.Lxg5** und bald **1:0.**

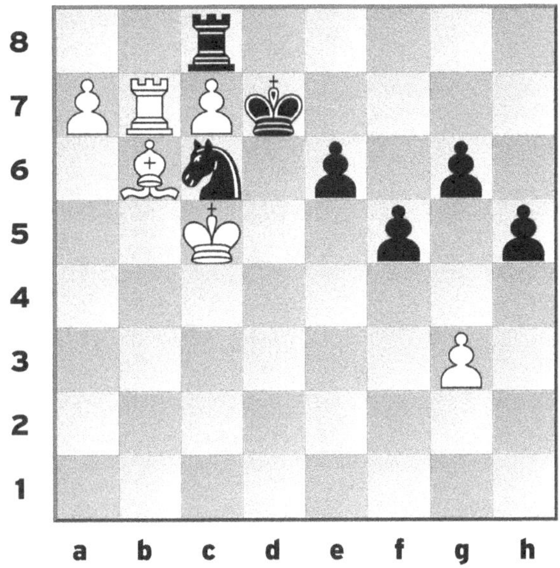

Kramnik zieht gleich

Zuletzt war oft die Rede von den angeblich ungleichen Spezialitäten der beiden weltbesten Schachgenies. Der eine, Viswanathan Anand, sei der stärkere Turnierspieler und der andere, Wladimir Kramnik, der stärkere Matchspieler. Nicht nur die selbsternannten Experten in den Schachcafés behaupten so etwas. Nach dieser Logik dürfte es Anand, der unlängst das WM-Turnier in Mexiko gewann, schwer haben, wenn er im nächsten Jahr – vermutlich in Deutschland – zum WM-Duell gegen Kramnik antritt. In Wirklichkeit kann aber niemand sagen, wie Anand in diesem Match aussehen wird, zumal er eine Ewigkeit keines mehr gespielt hat. Fraglich ist auch, ob Kramnik im Vergleich überhaupt der schwächere Turnierspieler ist; er hat in seiner Karriere ähnlich viele Titel errungen wie Anand. Klar scheint nur, dass der Russe in der Januar-Weltrangliste mit dem führenden Inder gleichziehen wird. Denn Kramnik gewann in dieser Woche ein Weltklasseturnier in Moskau mit großem Vorsprung.

Wie kam er oben mit Weiß gegen Peter Leko voran?

Lösung: 1.a8D! (Interessant, Kramnik gewinnt, indem er seine beiden Prachtburschen auf der siebten Reihe hergibt. Falsch wäre 1.Tb8? Sxa7! gewesen.) **1...Txa8 2.c8D+! Kxc8 3.Kxc6** (Schwarz gab auf. Er kann das Matt nicht mehr sinnvoll verhindern, z. B. 3...Ta3 4.Tc7+ Kb8 5.Tg7 Tc3+ 6.Lc5.) **1:0.**

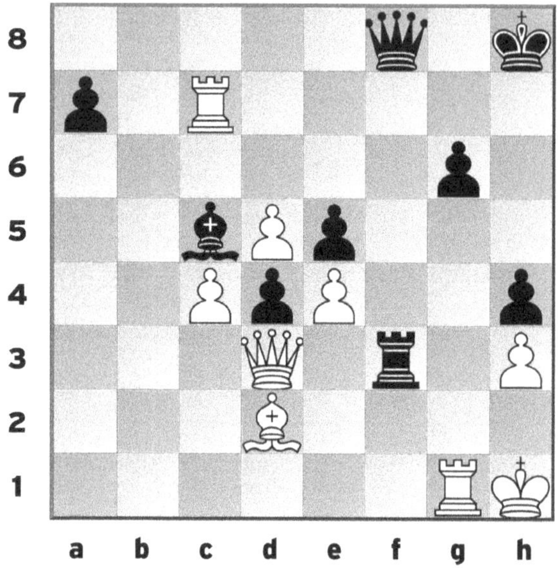

Knastbesuch

Es war ein feiner Zug von Anatoli Karpow, in die Petrowka 38 zu gehen. Er wollte in dem berüchtigten Moskauer Gefängnis seinen früheren Erzrivalen Garry Kasparow besuchen, der Ende November nach einer regierungskritischen Demonstration zu fünf Tagen Haft verurteilt worden war. Man ließ Karpow aber nicht in die Zelle; bloß die neueste Ausgabe eines Schachmagazins durfte er dalassen. Wer will, kann das Mitbringsel als Zeichen werten. Kasparows politisches Engagement ist ja nicht ungefährlich. Und laut Russlandexperten hat er sowieso keine Chance, Präsident Putin bei den Wahlen 2008 abzulösen. Karpow und Kasparow, die Weltmeister der 1980er und 1990er Jahre, mochten sich nie – aber sie respektieren sich bis heute.

Eine ihrer 144 WM-Partien kämpften sie vor fast genau 20 Jahren aus: Bevor Kasparow damals in Sevilla im letzten Moment der Ausgleich zum 12:12-Endstand gelang, war Karpow in der vorletzten Partie in Führung gegangen, indem er oben mit Weiß kaltblütig konterte. Wie?

Lösung: 1.Lh6! (Der Turm f3 kann nicht länger gedeckt werden, z. B. 1...Df6 2.Lg7+.) **1...Txd3 2.Lxf8 Txh3+** (Auch 2...Lxf8 hülfe nichts: 3.Txg6 Txh3+ 4.Kg2 Te3 5.d6.) **3.Kg2 Tg3+ 4.Kh2 Txg1 5.Lxc5 d3** und zugleich **1:0.** (Denn leicht gewinnt z. B. 6.Le3 Td1 7.Kh3 d2 8.Lxd2 Txd2 9.c5 a5 10.d6.)

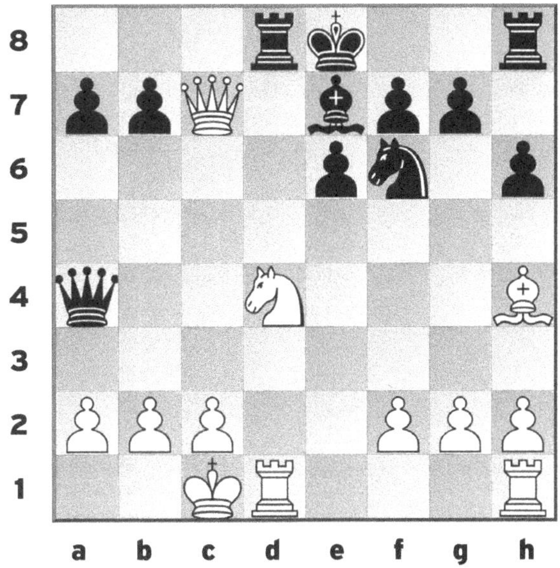

Machtlose Gewerkschaft

Anders als die Zugführer der Bahn haben die Zug-Ausführer im Schach noch nie gestreikt. Die Großmeister haben aber eine Art Gewerkschaft, die ACP. Seit vier Jahren kümmert sie sich um die Belange der Profis; ihr Einfluss auf den Weltschachbund Fide bleibt aber gering. Zwar hört man der ACP freundlich zu, etwa bei den Vorschlägen zur Bedenkzeitregel oder den Maßnahmen gegen den Betrug mit Computerhilfe. Doch ein kleiner Kreis von Fide-Funktionären trifft weiterhin merkwürdige Entscheidungen. So änderten sie während des laufenden WM-Zyklus willkürlich die Regeln, woraufhin die Topspieler Alexander Morosewitsch und Peter Leko ihre Teilnahme am Weltcup in Chanty Mansijsk absagten. Ein großer Streik stand nicht zur Debatte, der wäre allein mangels Streikkasse undenkbar. Also machten sich über hundert Stars auf den Weg nach Sibirien – auch der ACP-Generalsekretär und Großmeister Bartlomiej Macieja. Sehen Sie, welchen Kraftzug der Pole mit Weiß (gegen Victor Laznicka) ausführte?

Lösung: 1.Sf5! (Maciejas Gewinnzug. Nichts zu retten wäre nun z. B. mit 1...exf5 2.Txd8+ Lxd8 3.Te1+

Se4 4.Dxd8 matt, bzw. 3...De4 4.Txe4+ fxe4 5.Dxb7.) **1...Td7** (Es verlören auch 1...Txd1+ 2.Txd1 exf5 3.Dc8+ bzw. 2...0-0 3.Sxe7+.) **2.Dc8+ Td8** (Oder 2...Ld8 3.Sxg7+ Kf8 4.Lxf6.) **3.Sxg7+ 1:0.**

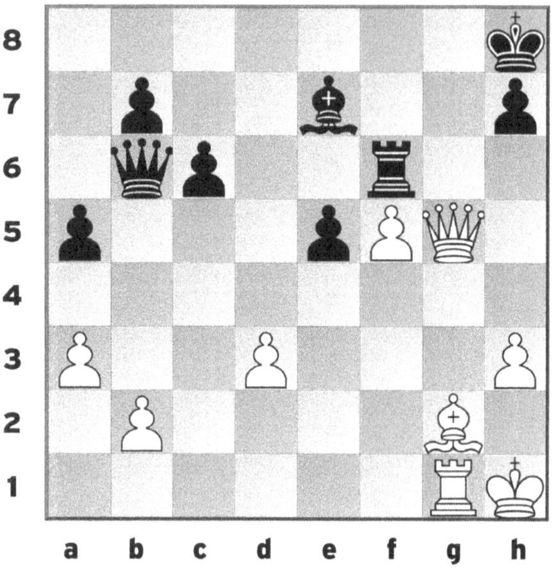

Schlaftablette für Anand

Als Viswanathan Anand seinen Rollkoffer zum Ausgang zog, nahm er außer den Klamotten nur zwei Remisen mit aus der VIP-Loge des Bremer Weserstadions. Dort hatte der indische Weltmeister wieder Bundesligaschach gespielt, für das Topteam OSC Baden-Baden. Diesmal jedoch wirkte er ungewohnt uninspiriert in seinen Partien gegen die Junggroßmeister Luke McShane (Werder Bremen) und Radek Wojtaszek (Hamburger SK). Vielleicht war Anand noch müde von der langen Anreise. Oder von den gegnerischen Eröffnungen. „Eine Schlaftablette", nannte er jenes System, das ihm der clevere Oxford-Student McShane vorgesetzt hatte, nämlich die Berliner Verteidigung, auch als „Berliner Mauer" gefürchtet. Doch trotz solcher einlullender Gegenmittel besiegte der OSC die Vize-Meister der beiden Vorjahre jeweils mit 4,5:3,5 Punkten. Damit ist Anands Klub wieder auf Meisterkurs.

Bloß Francisco Vallejo Pons, Baden-Badens Spanier, verlor seine beiden Partien. Oben erledigte ihn der mit Weiß spielende Hamburger Lubomir Ftacnik stilvoll. Wie?

Lösung: 1.Dg8+! (Schön und schnell entscheidend. Vallejo Pons kapitulierte in Anbetracht von 1... Kxg8 2.Ld5+ und 3.Tg8 matt. Schwach wäre hingegen gleich 1.Ld5?? gewesen; in diesem Fall hätte Schwarz den Spieß umgedreht, und zwar im Wortsinn mit 1...Tg6!) **1:0.**

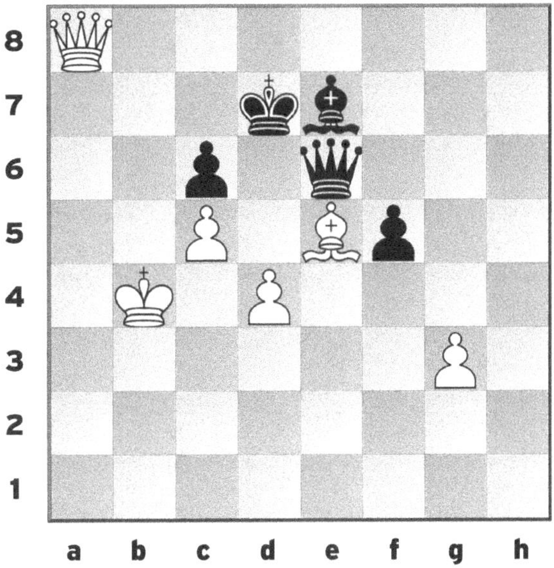

Ein nettes Remis

Wenige haben so tiefe Einblicke in die Gedankenwelt der Topspieler wie Peter Heine Nielsen. Der Däne ist nämlich Sekundant von Weltmeister Viswanathan Anand und auch von Magnus Carlsen, dem 17-jährigen Jungstar aus Norwegen. Vor dem Hintergrund dieser interessanten Doppelfunktion sollte man Nielsens inoffizielle „Welthackordnung“ am Ende des Jahres 2007 ernst nehmen: „Es gibt im Moment nur zwei Spieler, die offensichtlich stärker sind als Magnus, das sind Anand und Kramnik.“ Carlsen muss sich aber noch gedulden, bevor er wieder eine WM-Qualifikation spielen kann; denn er ist im Halbfinale des Weltcups am späteren Turniersieger Gata Kamsky gescheitert. Trotzdem zeigte Carlsen auch bei dieser Gelegenheit im sibirischen Chanty Mansijsk sein außergewöhnliches Können.

Unter anderem schaltete er den Briten Michael Adams aus: Dabei schien Carlsen oben mit Schwarz eine lange, qualvolle Verteidigung bevorzustehen, ehe er eine nette Abwicklung fand, die das gewünschte Remis schnell sicherte. Was hatte Carlsen im Sinn?

Lösung: 1...Lxc5+! 2.dxc5 (Carlsens Idee war 2.Kxc5 Dd5+, dann nämlich verböte sich 3.Kb4?? c5+!; während 3.Kb6 Db3+! zu einem ewigen Schach führte, z. B. 4.Ka7 Da2+ 5.Kb8 Dg8+! 6.Kb7 Db3+ usw.) **2...Dxe5 3.Db7+ Dc7** (Das Bauernendspiel ist klar remis.) **4.Dxc7+ Kxc7 5.Kc4 Kd7 6.Kd3 remis.**

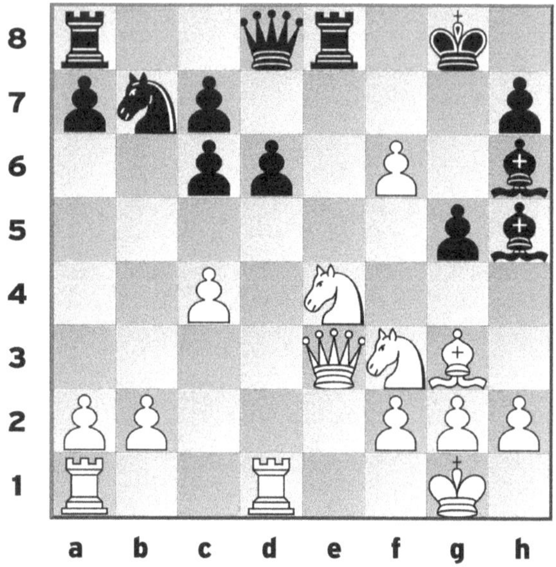

... und Hou lächelt

Bevor die Schiedsrichter die Schachuhren anstellen, ist die Zeit der Fotografen. Viele Meister, konzentriert am Tisch sitzend, lassen die Blitzlichter schmallippig über sich ergehen. Hou Yifan hingegen lächelt freundlich in die Kameras. Doch was die erst 13 Jahre alte Chinesin dann, sobald die ersten Züge ausgeführt sind, aufs Brett zaubert, bereitet ihren Gegnern oft keine Freude. Hou ist nämlich schon eine Großmeisterin! Die Weltrangliste der Juniorinnen führt sie klar an, bei den Frauen ist sie bereits Fünfte.

Zurzeit lächelt Hou in Wijk aan Zee/Niederlande, wo sie sogar den früheren Vizeweltmeister Nigel Short besiegte. Der fand es hinterher peinlich, gegen ein Mädchen verloren zu haben, „das drei Jahre jünger ist als meine Tochter“. Oben sah es für Short mit Schwarz schon schlimm aus. Seine letzte Hoffnung setzte er auf die Fesselungen in der e-Linie und in der Diagonale h5-d1; nicht ganz klar wäre z. B. 1.Dd4 Lxf3 2.gxf3 Te6 und 3…De8. Hou, mit Weiß, wurde deutlicher. Wie?

Lösung: 1.Se5! (Falls nun 1...Lxd1, gewinnt 2.f7+ leicht; und auf 1...Dc8 entscheidet u. a. 2.Sxc6 Lxd1 3.Se7+ Txe7 4.fxe7.) **1...Txe5 2.Lxe5 Lxd1 3.Txd1 De8 4.Lc3 Sd8** (Auch dies verhindert das folgende Räumungsopfer nicht.) **5.f7+! Dxf7 6.Sf6+ 1:0** (wegen 6...Kf8 7.Te1 nebst 8.Dh3).

Hou Yifan

Teufels Zug

Beim Betrachten der alten Bilder scheint es, als sei der Geist der 68er lange an den Schachturniersälen vorbeigeweht. Da saßen ja noch akkurat gekleidete Menschen! Kein Hauch von Rudi Dutschke oder Jimi Hendrix. Natürlich ließen sich vor 40 Jahren auch Schachturniere, nicht nur Rockfestivals, vergleichsweise günstig veranstalten. Als der SC Bamberg 1968 eines der bedeutendsten Turniere des Nachkriegsdeutschlands ausrichtete, kamen die Organisatoren mit insgesamt 40.000 DM aus. Obwohl sogar Tigran Petrosjan dabei war, seinerzeit amtierender Weltmeister. Heute müsste man das 10- bis 20-Fache einplanen.

Dass mitten im Kalten Krieg die sowjetischen Großmeister Petrosjan und Paul Keres (der spätere Turniersieger) nach Bamberg gekommen waren, durfte auch als ein kleines Vorzeichen politischer Entspannung gedeutet werden. Petrosjan selbst strebte eine andere, verblüffende Form der Entspannung an, als ihm Jürgen Teufel, ein oben mit Schwarz spielender Amateur aus Bayern, etwas Kräftiges vorsetzte. Was zog Teufel?

Lösung: 1...Sxh2! (Nach diesem Zug Teufels bot der listige Petrosjan Remis, was Teufel ehrfürchtig annahm. Dabei stünde Schwarz nach 2.Kxh2 hxg3+ 3.Kxg3 Dd6+! auf Gewinn, z.B. 4.f4 Sf5+ 5.Kh2 Se3 oder 5.Kh3 Df6! Auch 2.Db8+ Tc8 3.Dxc8+ Sxc8 4.Kxh2 hätte nichts geholfen, wegen 4...Sd6 und 5...Sf5.)

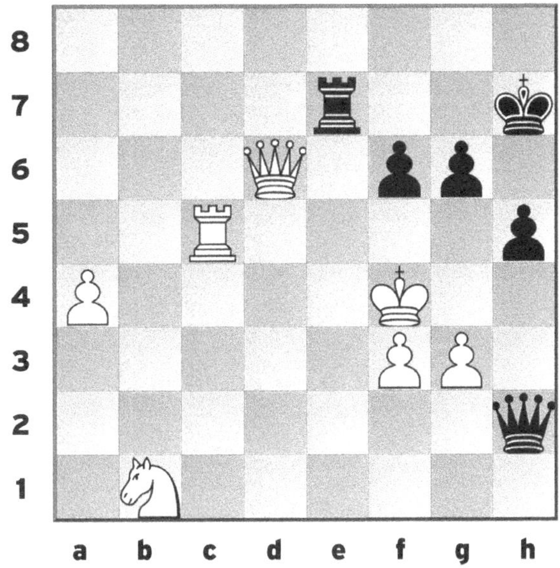

Bissfeste These

Ein glatzköpfiger Sportjournalist aus Spanien erklärte mir einmal während einer schweißtreibenden Autofahrt von Mailand in die Schweiz, weshalb Peter Leko nicht Weltmeister werden könne: Als Vegetarier fehle ihm der letzte Biss! Obwohl Leko damals, in Brissago 2004, den WM-Titel tatsächlich knapp verpassen sollte, lässt sich die Vegetarier-These mittlerweile leicht widerlegen. Schließlich ist Viswanathan Anand beides: Weltmeister und Vegetarier.

Neulich erklärte mir der vielleicht größte Freigeist unter den Schachgenies seine kulinarischen Vorlieben: „Ich bin Vegetarier, ich mag zum Beispiel exotisches indisches Essen.“ Nein, es sprach nicht der Inder Anand, sondern der Russe Alexander Morosewitsch. Die Vegetarier sind also, verglichen mit ihrem prozentualen Anteil an der Weltbevölkerung, überrepräsentiert in den Top Ten.

Und wie sie beißen! Morosewitsch hat soeben souverän die russische Meisterschaft gewonnen. Dabei zog er oben mit Schwarz den weißen König von Andrej Rytschagow kühl ins Mattnetz. Wie?

Lösung: 1...De2! (Droht deutlich Matt auf e3.) **2.Tc3** (Ebenfalls nichts gerettet hätten 2.g4? Dh2 matt; oder 2.Dd4 g5+ 3.Kf5? De6 matt, bzw. 3.Txg5 fxg5+ 4.Kxg5 Tg7+ 5.Kf4 Tf7+ 6.Kg5 Dxf3.) **2... Kg7!** (Nur so geht es! Der König deckt f6, so dass ...g5+ nebst ...Te5+ entscheidet.) **0:1.**

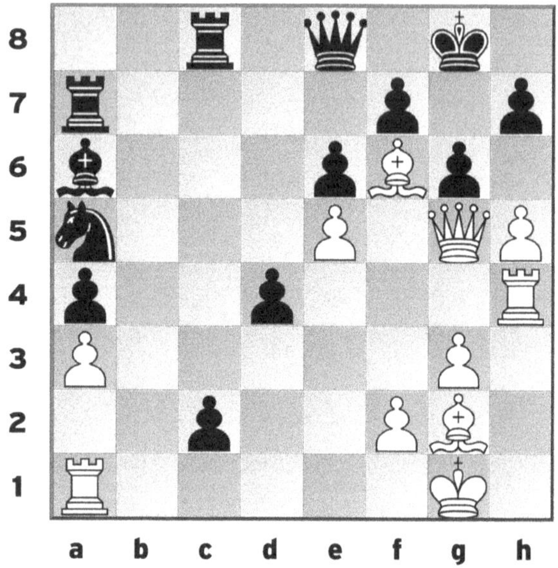

Bobby Fischers Matt

In all den Nachrufen auf den am 17. Januar verstorbenen Bobby Fischer war zu lesen, dass er ein Wunderkind war, ein einzigartiger Weltmeister, und dass er in seiner zweiten Lebenshälfte manchmal wie ein Wahnsinniger redete. Stimmt alles. Der geniale Amerikaner war allerdings schon vor dem legendären WM-Kampf 1972 als Exzentriker auffällig geworden. Zum Beispiel 1967 in Sousse/Tunesien. Damals brach Fischer das hochklassige Turnier klar in Führung liegend ab; er hatte an Sabbat-Tagen kein Schach spielen wollen. Und als die Organisatoren die fraglichen Partien rücksichtsvoll verlegten, gefiel Fischer auch der neue Spielplan nicht. Aus Protest reiste er Richtung Tunis ab. An den folgenden Tagen verlor er zwei Partien kampflos. Doch dann kam er plötzlich noch einmal zurück, gewann zwei weitere Male – bevor er ebenso überraschend wieder verschwand. Diesmal kam er nicht wieder, womit er sich alle Chancen auf einen WM-Kampf im Jahr 1969 verbaute. Wie setzte Fischer damals in Sousse mit Weiß den Mongolen Lhamsuren Miagmasuren matt?

Lösung: 1.Dh6! (Auch 1.Le4 hätte gewonnen, aber Fischers Zug führt schneller und schöner zum Matt.) **1...Df8** (Oder 1...c1D+ 2.Txc1 Txc1+ 3.Kh2! und Weiß gewinnt mit dem gleichen Motiv wie in der Partie.) **2.Dxh7+! 1:0** (Denn nach 2...Kxh7 3.hxg6+ wird's matt: 3...Kxg6 4.Le4 oder 3...Kg8 4.Th8.)

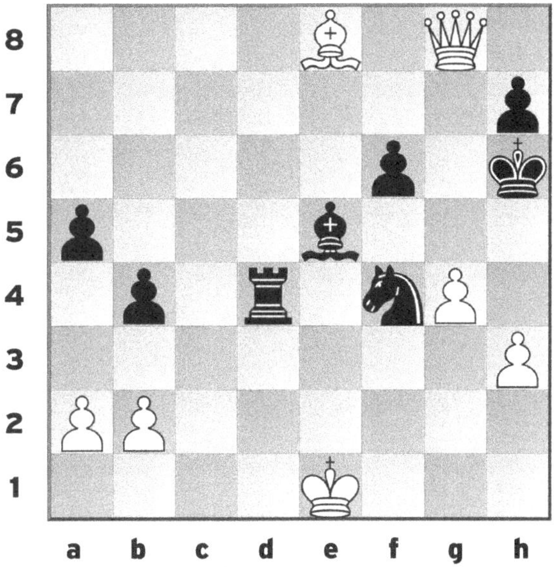

Riskante Sachen

Selbsthass und Suizidgedanken übermannten den Schriftsteller und Großmeister Jan Hein Donner nach manchen Niederlagen. Schlimm. Wer aber bei Schachturnieren in die Augen von Verlierern schaut, sieht vielleicht, dass es anderen ähnlich geht. Misserfolg nagt eben am Ego, im geistigen Wettstreit Schach noch mehr als anderswo. Deshalb ist Verlieren lernen, etwa im Schulschach, mindestens genauso wichtig wie Mattsetzen.

Wohl dem, der seine Erfolge und Misserfolge nicht persönlich nimmt und in sich ruht! Wie Levon Aronjan. Doch auch den in Berlin lebenden Weltklassemann lassen Schwächephasen nicht kalt. „Ich hatte im letzten Jahr hin und wieder Probleme mit meinem Selbstvertrauen", verriet Aronjan nun nach seinem Turniersieg in Wijk aan Zee. „Diesmal habe ich wieder selbstbewusst gespielt und mich auch auf riskante Sachen eingelassen." Beispielsweise gegen Loek van Wely: Nach wildem Verlauf raubte ihm Aronjan, mit Weiß spielend, schließlich sämtliche Hoffnungen auf eine Festung. Wie?

Lösung: 1.h4! (Droht u. a. 2.Df8 matt. Den Sieg vergeben hätte z. B. 1.Df8+? Kg5 2.Dg7+ Kh4 3.Dxh7+ Kg3.) **1...Sg2+ 2.Ke2 Sxh4 3.g5+!** (Die Pointe: Der Läufer e5 wird entwurzelt und erobert.) **3...fxg5 4.De6+ 1:0** (Denn 4...Sg6 5.Lxg6 hxg6 6.Dxe5 nebst ...Dxa5 wäre chancenlos.)

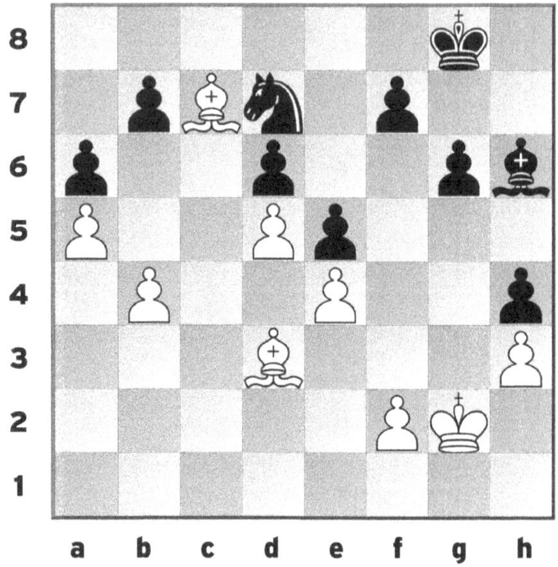

Kombi To Go

Sorry, dass auch hier von einer Masche die Rede ist, die schon ungefähr eine Million andere angeprangert haben. Es geht um den übertriebenen Gebrauch von Anglizismen in der deutschen Sprache. Der Kampf dagegen scheint ja längst verloren, zum Beispiel im Fußball: Erst hörte man von „Keepern“ oder „Coaches“, von „Scouts“ oder „Assists“, und dann kam Jürgen Klinsmann mit „Key Messages“ und anderen Imponiervokabeln.

Immerhin, die Schachsprache ist nicht verseucht. Im Gegenteil, ein paar Fachbegriffe haben sogar Eingang ins Englische gefunden, dort heißt es „zugzwang“ oder auch „zwischenzug“. Oder „luft“, wenn der König ein Luftloch braucht. Umgekehrt fällt einem gar kein Schach-Anglizismus ein. Höchste Zeit, mal einen zu erfinden: Falls die obige Kombination zu knifflig sein sollte, schneiden Sie sie bitte aus der Zeitung aus, um sie unterwegs zu lösen! Vielleicht in der U-Bahn, es ist sozusagen eine „Kombi To Go“. Wie gewann Großmeister Sahir Jefimenko mit Weiß in Gibraltar gegen den Chinesen Bu Xiangzhi?

Lösung: 1.Lxa6! (Schwächer wären 1.Lxd6?! Lf8! oder 1.b5?! Sc5! oder 1.Lc2?! Kf8! 2.Lxd6+ Ke8 3.La4 Kd8.) **1...Ld2** (Falls 1...bxa6 2.b5! axb5 3.a6, läuft der a-Bauer; bzw. 2...Sc5 3.Lb6! axb5 4.Lxc5 dxc5 5.a6.) **2.Lxb7 Lxb4 3.a6 Lc5 4.Lc6 1:0** (wegen 4...Sf6 5.Lxd6! ggf. nebst 6.Lxe5).

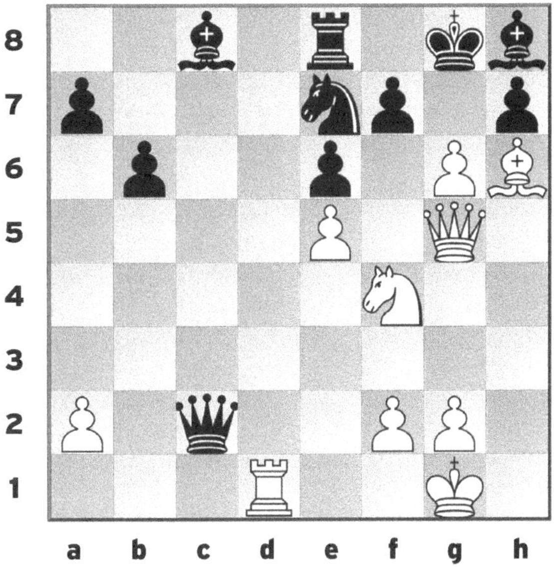

Weggeputzt nach russischer Art

Der Kabarettist Matthias Deutschmann ist ein guter Schachspieler. Früher saß er sogar in der Bundesliga am Brett. Als er während einer Russlandreise im Jahr 1983 seine Kenntnisse mal etwas vertiefen wollte, ging Deutschmann mit seinem Freund Gerhard Kiefer, ebenfalls Bundesligaspieler, zum berühmten Tschigorin-Schachklub im damaligen Leningrad. An jenem Tag war dort aber keiner mehr anwesend, erst recht kein Großmeister. „Nur eine Frau, die geputzt hat", erinnert sich Deutschmann. Netterweise habe sich die Putzfrau für zwei Partien angeboten. Erst war Kiefer dran – und wurde schnell abgefegt! „Wir haben uns totgelacht", sagt Deutschmann, „ich hab danach immerhin ein Remis geschafft."

Tja, das allgemeine Spielniveau in Russland ist hoch und auch die Zahl der außergewöhnlichen Spieler: Das jüngste Moskau-Open, an dem allein 110 Großmeister teilnahmen, gewann der 23-jährige Artjom Timofejew vor Alexander Rjasanzew. Spektakulär und recht kompliziert kombinierte Rjasanzew mit Weiß (gegen Waleri Jandemirow). Wie?

Lösung: 1.Td8! (Nur zum Remis führte 1.g7? Dxd1+ 2.Kh2 Sf5 3.gxh8D+ Kxh8 4.Sh5 f6!) **1...Txd8 2.g7 Td1+** (Falls 2...Dd1+ 3.Kh2 Sf5 4.gxh8D+ Kxh8 5.Sh5! f6, gewänne 6.Dxf6+ Kg8 7.g4!, z. B. 7...Dxg4? 8.Dxd8+ oder 7...Dd4 8.Le3!) **3.Kh2 Sf5** (Oder 3...Sg6 4.gxh8D+ Kxh8 5.Df6+.) **4.gxh8D+ Kxh8 5.Sh5! f6 6.Dxf6+ Kg8 7.Df8 matt.**

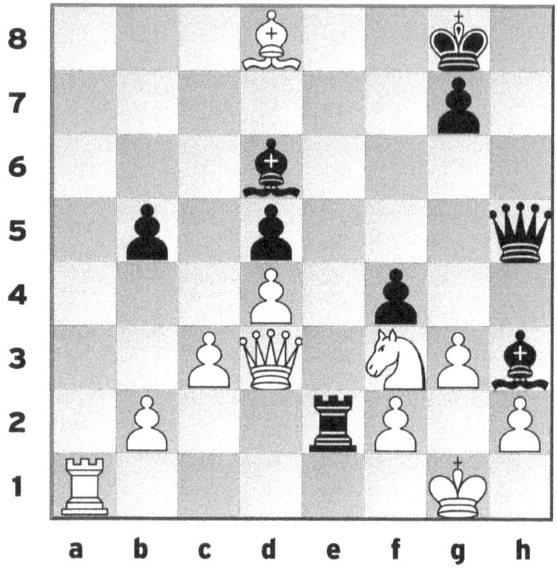

Ein gutes Gambit

Levon Aronjan ist kein Freund verwegener Gambits. Der Armenier sagt, eine Eröffnung müsse fundiert sein. Bei einem Gambit opfert man einen, manchmal auch zwei Bauern, um dafür etwas anderes zu bekommen, vielleicht Angriffschancen oder irgendein Schlüsselfeld. Doch natürlich bestehen zwischen den verschiedenen Gambits Qualitätsunterschiede. Manche sind offensichtlich krank, etwa das Lettische Gambit (1.e4 e5 2.Sf3 f5), andere sehen wohl noch in hundert Jahren so gesund aus wie ein roter Bioapfel.

Zur letzteren Sorte zählt der Marshall-Angriff, benannt nach dem Amerikaner Frank Marshall, der im Jahr 1918 in der ehrwürdigen Spanischen Partie kühn einen Bauern opferte. Trotz tiefer Analysen von Großmeistern und Computern ist keine Widerlegung dieses Gambits in Sicht. Kurz, es ist fundiert und deshalb auch etwas für Levon Aronjan. Nun bedrängte er Weltmeister Vishy Anand in Morelia/Mexiko mit Marshalls Gambit. Sehen Sie, wie Aronjan oben mit Schwarz sein Werk vollendete?

Lösung: 1...Te3! (Denn nach dem Verschwinden des Springers werden Aronjans Figuren über Anands schutzlosen König herfallen.) **2.fxe3 Dxf3** (Das Matt auf g2 kann Weiß noch abwehren, aber ...) **3.Dc2 fxg3 4.hxg3 Dxg3+ 5.Kh1 Lf5!** (Anand gab auf, wegen 6.Dg2 Le4 bzw. 6.Dxf5 Dh2 matt.)

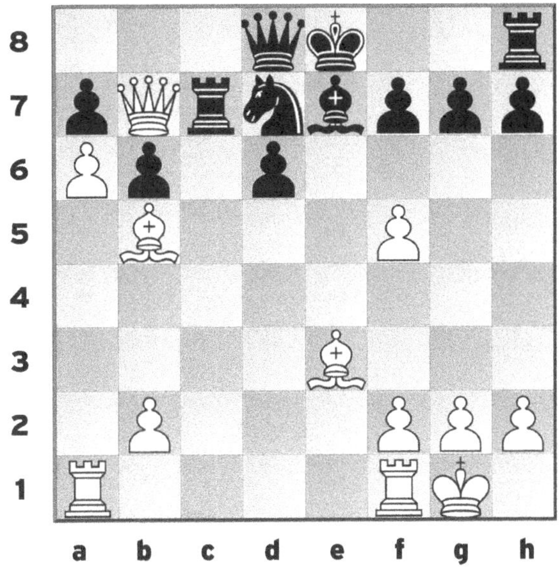

Starke Einwandererzüge

Das Goethe-Institut hat Vorschläge zum schönsten „Wort mit Migrationshintergrund“ angenommen, und nun soll eine namhafte Jury eines davon auswählen. Im Gegensatz zu Wörtern merkt man den Zügen der Schachmeister den Migrationshintergrund nicht an. Obwohl hierzulande die Züge der Einwanderer in der Summe stärker erscheinen: Von den derzeit zehn besten deutschen Spielern sind sieben in der ehemaligen Sowjetunion geboren. Der Ranglisten-Erste, Arkadij Naiditsch, und auch der Zweite, Daniel Fridman, stammen beispielsweise aus der lettischen Hauptstadt Riga.

Fridman ist erst seit kurzem deutscher Staatsbürger; er lebt in Bochum und spielt in der Bundesliga für den SV Mülheim Nord. Im Februar hat der 32-Jährige in Bad Wörishofen die Deutsche Einzelmeisterschaft souverän gewonnen. Dabei gelangen ihm wirklich viele schöne Züge, sie sind aber für Rätselzwecke ungeeignet. In Marseille 2006 hingegen zeigte Fridman, mit Weiß gegen Sebastien Maze, eine fabelhafte Kombination.

Lösung: 1.Tfc1! (Dieses Damenopfer macht den a-Bauern übermächtig.) **1...Txb7** (Falls 1...Txc1+? 2.Txc1, ginge der Springer d7 gleich verloren.) **2.axb7 d5** (Oder 2...0-0 3.Tc8 Dxc8 4.bxc8D Txc8 5.Lxd7 und gewinnt.) **3.Tc8 Ld6 4.Lf4!** (Am schönsten, denn nach 4...Lxf4 5.Te1+ wird's matt.) **1:0.**

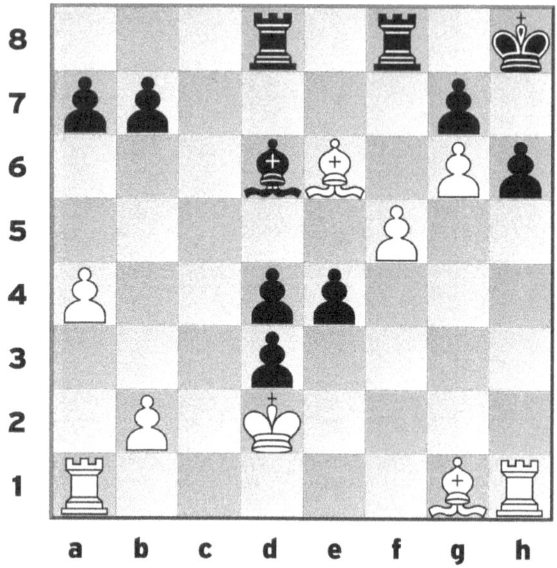

Gustafssons Nachtschichten

Wenn andere schlafen, pokert Jan Gustafsson. Es entsprach also dem Biorhythmus des Hamburger Schachgroßmeisters, als er neulich etliche Nachtschichten in einem anderen, für ihn ungewohnten Nebenjob einlegte: Beim Topturnier in Wijk aan Zee spielte er nicht selber, sondern half seinem Freund Loek van Wely. „Als Sekundant muss man nachts die Eröffnungen analysieren, in denen aktuell Probleme aufgetaucht sind“, erklärt Gustafsson. „Am Morgen zeigt man dann dem Chef, was man herausgefunden hat.“ Der lange Blonde wird im Sommer aber einen brauchen, der für ihn analysiert. Gestern sind die Teilnehmer der Dortmunder Schachtage bekannt gegeben worden – und Gustafsson ist dabei. Neben Stars wie Wladimir Kramnik und Wassili Iwantschuk. „Anständig vorbereiten“ will er sich nun auf sein erstes Weltklasseturnier. Gustafsson behauptet selbstironisch: „Normalerweise seh’ ich ja nichts.“

Das stimmt natürlich nicht. In Bad Wörishofen zum Beispiel sah er, mit Weiß gegen Raj Tischbierek, ein schnelles Matt. Und?

Lösung: 1.Txh6+! (Na klar, dies führt sofort zum Matt. Dagegen hätte Schwarz im Fall von 1.Lxd4?! Lf4+ noch etwas zappeln können.) **1...gxh6 2.Lxd4+** (Aufgegeben, weil Schwarz das Matt nur noch zwei sinnlose Züge lang hinauszögern könnte.) **1:0.**

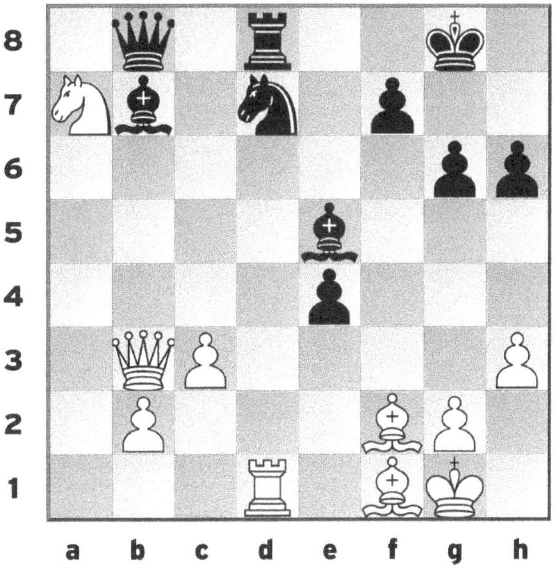

Reife Teens

Damals, vor der digitalen Revolution, verdrängten fast immer nur Mittzwanziger die etablierten Stars von der Weltspitze. Es war eben der ganz normale Gang der Dinge: Bei den Alten wich die Energie, und die Jungen hatten neben Kraft und Können irgendwann auch genügend Erfahrung. Seit aber für alle jederzeit Unmengen von Wissen schnell verfügbar sind, scheinen talentierte Teens, rein schachlich gesehen, schneller zu reifen. Zumindest spielen sie im Generationswechsel eine größere Rolle. Beispiele: Der 17-jährige Norweger Magnus Carlsen rückt nach seinem jüngsten Coup – er wurde im Morelia-Linares-Turnier Zweiter hinter Weltmeister Vishy Anand – auf Rang fünf der April-Weltrangliste vor. Der Ukrainer Sergej Karjakin, 17, oder Wang Hao, 18, aus China stehen ihm kaum nach.

Ein besonderer Kandidat ist auch der erst 15-jährige Italo-Amerikaner Fabiano Caruana. In diesen Tagen zeigte der junge Großmeister in Reykjavik seine Spielkunst. Wie gewann Fabiano oben mit Schwarz gegen Anna Zozulja?

Lösung: 1... e3! (Das Gewinnmotiv: die ungedeckte weiße Dame. Sofort 1...e3! ist energischer als 1... Lh2+ 2.Kh1 e3, in diesem Fall könnte Weiß mit 3.Sc6 noch etwas kämpfen.) **2.Lxe3 Lh2+ 3.Kf2** (Oder 3.Kh1 Lxg2+! 4.Lxg2 Dxb3.) **3...Dg3+ 4.Ke2 Te8** (Weiß gab auf. Falls 5.Td3, gewinnt u. a. 5...La6 6.c4 Sc5.) **0:1.**

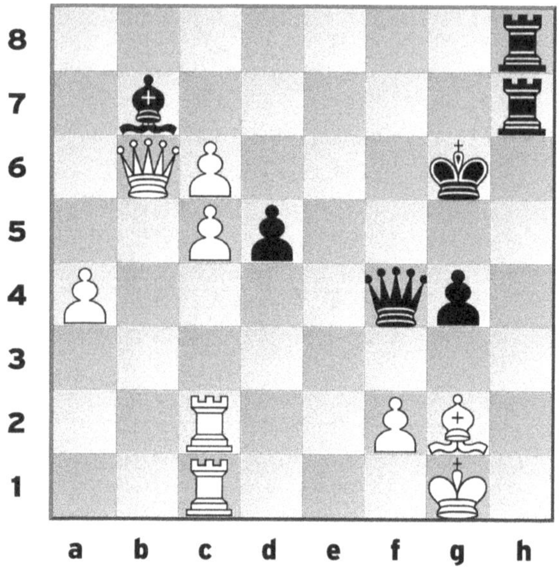

Weltmeister hautnah

Als Dr. Emanuel Lasker und Dr. Siegbert Tarrasch im Jahr 1908 um die Weltmeisterschaft kämpften, kamen oft über 2.000 Zuschauer zu den Partien der deutschen Erzrivalen in Düsseldorf und München. Hundert Jahre später wird wieder ein bedeutendes WM-Duell in Deutschland stattfinden; allerdings bietet die Bonner Kunsthalle, in der Vishy Anand und Wladimir Kramnik im Oktober spielen, höchstens 500 Menschen Platz. Das Verhalten der Kiebitze hat sich eben stark verändert, heute schauen Zehntausende im Internet zu. Wer aber diesmal die WM-Partien live vorm PC verfolgen möchte, soll dafür bezahlen. Dann sieht man die Spieler auch grübeln und kann zwischen verschiedenen Kameras hin und her klicken. Ob die Zuschauer das Kopfkratzen oder den Pickel in Nahaufnahme wirklich interessant finden?

Hauptsache, Kramnik und Anand zeigen mal Prachtzüge wie beim derzeitigen Schnell- und Blindturnier in Nizza, wo sie sich zum letzten Mal vor der WM gegenübergesessen haben. Was zog Anand oben mit Schwarz?

Lösung: 1...Df3! (Ein Geniestreich! Es droht ...Th1+.) **2.cxb7+ Kf5!** (Noch eine Feinheit. Kramnik kapitulierte angesichts 3.Lxf3 gxf3 nebst Matt auf h1. Ungenau wäre 2...Kg5? gewesen, dann hätte Weiß diese Schnellpartie noch retten können, mit 3.Dd8+! Txd8 4.Lxf3 gxf3 5.Tc3!) **0:1.**

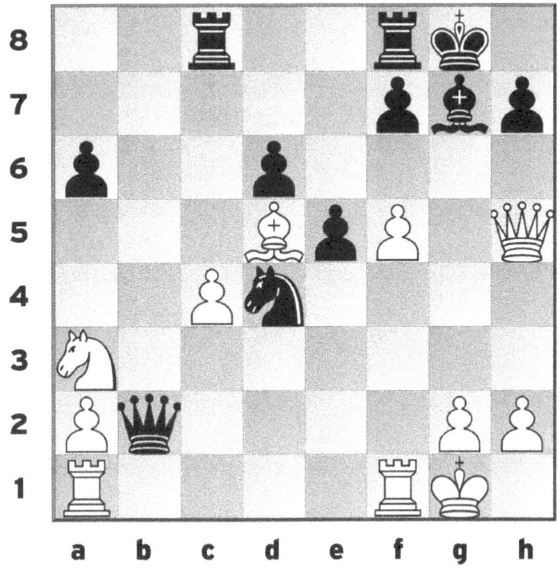

Mehr Frauen am Brett

Das Marktforschungsinstitut GfK hat im Jahr 2007 herausgefunden, dass jeder dritte Mann in Deutschland hin und wieder Schach spielt – und jede achte Frau. Der Frauenanteil mag gering erscheinen, aber immerhin sitzen heute mehr Frauen am Brett als früher.

Aber wieso spielen von jeher mehr Männer Schach als Frauen? Spricht Jungen, wie manche Psychoanalytiker behaupten, die Symbolik des Spiels eher an, weil der eigene König ein Sinnbild des Phallus sei und der gegnerische König Vatermord-Fantasien spielerisch ausleben lasse? Plausibler erscheint, dass sich jahrhundertelang nur wenige Frauen mit Hingabe dem Spiel widmeten, weil es nicht zu ihrer sozialen Rolle passte. Egal, ob diese freiwillig gewählt oder gesellschaftlich aufgezwungen war. Wann hätten Frauen schon sagen können: Ich bin mal eben zwei Wochen weg, Schach spielen!

Heute machen es immer mehr. Etwa in Istanbul, wo die erst 14-jährige Turniersiegerin Hou Yifan aus China, oben mit Weiß spielend, unter anderem Irina Krush bezwang. Wie?

Lösung: 1.f6! (Hou öffnet die Diagonale b1-h7.) **1...Lxf6 2.Le4!** (Aber nicht 2.Txf6? Se2+! 3.Kf1 Sf4, mit schwarzem Vorteil.) **2...Tfd8 3.Dxh7+ Kf8 4.Dh6+** (Schwarz gab auf, wegen 4...Lg7 5.Txf7+! Kxf7 6.Tf1+ nebst Matt.) **1:0.**

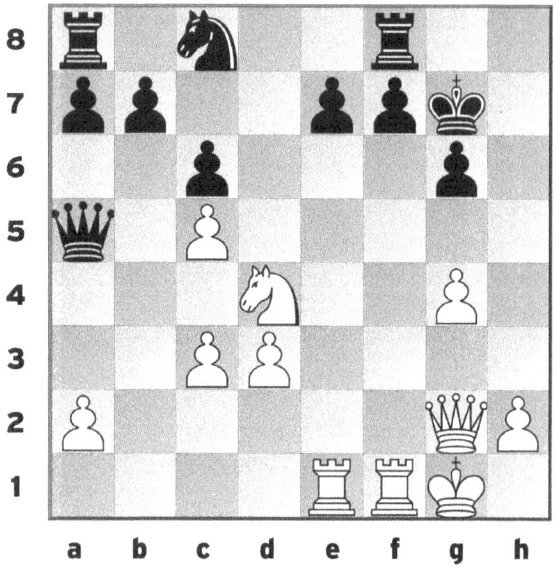

Tod in Täby

Bisher hatten eher Kino- als Schachexperten vom Städtchen Täby nahe Stockholm gehört. Ingmar Bergmann soll für seinen Film *Das siebente Siegel* von einer Freskenmalerei in Täbys mittelalterlicher Kirche inspiriert worden sein. Das Gemälde zeigt den Tod gemeinsam mit einem Ritter beim Schachspielen. Neuerdings kennen auch ein paar Schachexperten Täby, seit dort das „Ladies Open“ stattgefunden hat; es war sogar eines der größten offenen Frauenturniere aller Zeiten.

Von 126 Teilnehmerinnen siegte die 18-jährige Großmeisterin Anna Musitschuk. Sie hatte bei ihrer Geburt vermutlich noch keinen Springer in der Hand, aber schon mit zwei Jahren konnte die angehende Weltklassefrau alle Holzfiguren korrekt aufstellen. Wen wundert's, Musitschuk stammt aus einer ukrainischen Schachfamilie. Seit vier Jahren spielt sie jedoch für Slowenien.

Vor dem Turnier in Täby hatte sie schon in Moskau ein Frauen-Open gewonnen. Dort raubte Musitschuk, oben mit Weiß am Zug, auch Anna Uschenina die letzte Hoffnung. Wie?

Lösung: 1.Df2! (Ein stiller Zug, der den Bauern c5 indirekt deckt und kräftig 2.Se6+! droht.) **1...Dd8 2.Te3!** (Schwarz ist machtlos gegen den Angriff. Musitschuk will mit 3.Tf3 vertrippeln, außerdem droht 3.Th3 nebst 4.De3.) **2...Kg8 3.Tf3 Dd7** (Auf 3...f6 oder 3...De8 gewänne 4.Se6.) **4.Txf7 Dxg4+ 5.Kh1 1:0.**

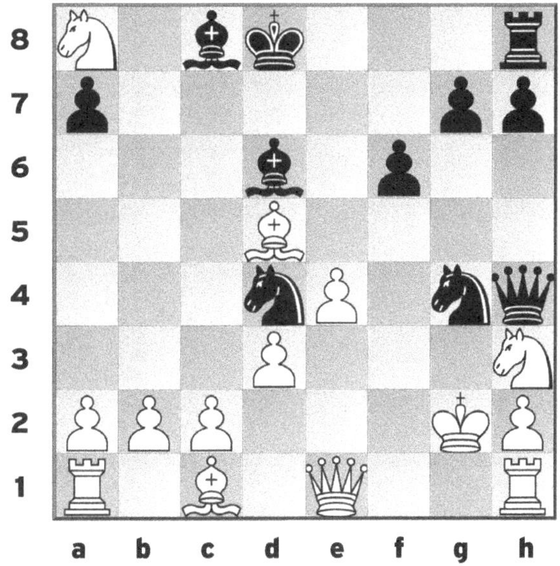

Trierer Geist

Schach wurde noch nicht gespielt in Trier, als die Römer die Stadt um 16 v. Chr. gründeten. Schach ist wohl erst ungefähr 500 Jahre später in Indien erfunden worden. Mittlerweile haben sie aber sogar einen Bundesligaverein in Trier, die SG Turm. Am ersten Aprilwochenende kamen die Stars vom OSC Baden-Baden, sicherten sich vorzeitig den Meistertitel und spazierten auch mal zur Porta Nigra, dem kolossalen Stadttor. Nur wenige Schritte davon entfernt hatte Karl Marx seine Jugend verbracht. Und ein paar Straßen weiter, in Marx' Geburtshaus, ist zu lesen, dass es im August 1844, während seines Pariser Exils, zu einer historisch ungemein bedeutenden Begegnung kam: Ausgerechnet im legendären Café de la Régence begründeten Karl Marx und Friedrich Engels ihre Freundschaft.

Zu jener Zeit verkehrten dort nicht nur Künstler und Philosophen, sondern auch die weltbesten Schachspieler. Tag und Nacht. Etwa Lionel Kieseritzky, der oben mit Schwarz, ebenfalls 1844 im Café de la Régence, John Schulten matt setzte.

Lösung: 1...Dxh3+! (Mit diesem stilvollen Damenopfer zieht Kieseritzky den weißen König in ein Mattnetz - nach spätestens vier Zügen wird „Abpfiff" sein.) **2.Kxh3 Se3+ 3.Kh4 Sf3+ 4.Kh5 Lg4 matt 0:1.**

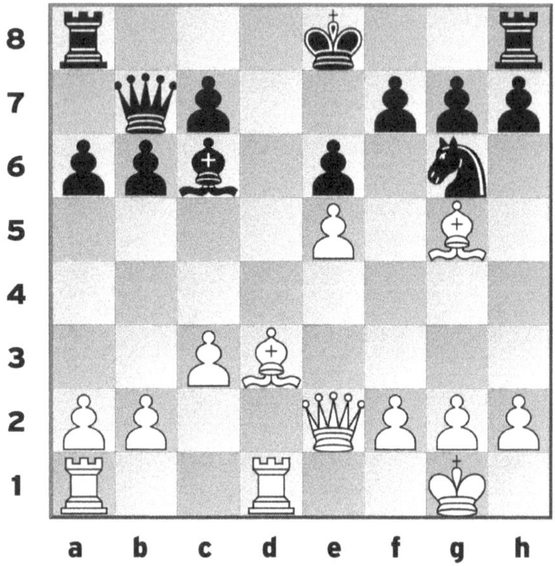

Züge per SMS

Die Geschichte des Sports zeigt, dass für potentielle Betrüger stets zwei Voraussetzungen gegeben sein müssen: Überall, wo es leicht möglich ist und zudem einen lohnenden Leistungsschub verspricht, probieren sie es mit Doping oder anderen schmutzigen Tricks. Schach war früher kaum betroffen. Zwar sind Denksportler per se nicht ehrlicher als, sagen wir, Radsportler. Es mangelte bloß an Mitteln. Von blauen Pillen würden die Züge bestimmt nicht kräftiger. Seit der digitalen Revolution ist aber auch Schach bedroht. Wie es besser zu schützen sei, haben Weltmeister Anand und andere Topspieler bereits empfohlen; zum Beispiel solle man die Live-Übertragung der Partien im Internet um 20 Minuten verzögern.

Gute Idee! Kaum möglich wären dann Vorfälle wie jetzt in Dubai, wo der Iraner Sadatnajafi disqualifiziert wurde, weil er Computerzüge per SMS übermittelt bekommen haben soll. Ansonsten wurde in Dubai aber gewohnt ehrliches und teils auch ansehnliches Schach gespielt: Wie gewann Großmeister Gadir Guseinow mit Weiß?

Lösung: 1.Lxa6! Da7 (Nicht 1...Dxa6? 2.Dxa6 Txa6 3.Td8 matt.) **2.Lb5!** (Hindert Schwarz, den Inder Natarajan, an der Rochade.) **2...Db7** (Kaum zäher wäre 2...Lxb5 3.Dxb5+ Kf8, z. B. 4.Td7 Kg8 5.Ld8 Tc8 6.Tad1 und ggf. 7.Txf7!) **3.De4!** (Die Kreuzfesselung entscheidet, z. B. 3...Lxb5 4.Dxb7.) **1:0.**

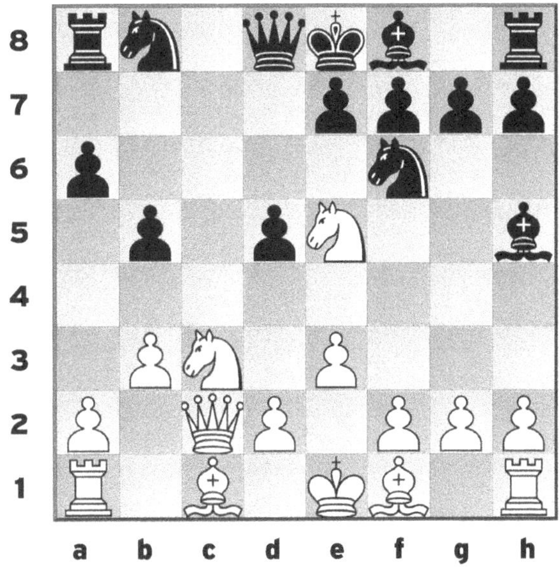

Iwantschuk mit 5 aus 5!

Kaum einer widmet sein Leben so voller Hingabe dem Schachspiel wie Wassili Iwantschuk. Man könnte den Ukrainer für das Vorbild einer Romanfigur Nabokovs halten, wäre es nicht anachronistisch. Schach ist für Iwantschuk offenbar mehr als eine Leidenschaft. Seine erste Frau, die Großmeisterin Alisa Galljamwa, trennte sich vor Jahren, weil es für Wassili „nur Schach, Schach und Schach" gegeben habe. Er lebt in seiner eigenen Welt, „Planet Tschuky", sagen die Konkurrenten. Sie bewundern Tschuky, weil er so schöpferisch ist und ohne Falsch. Seit fast 20 Jahren gehört er zur Weltspitze, ja vielleicht hat Iwantschuk tatsächlich mehr Schachgefühl im kleinen Finger als andere im Hirn.

An guten Tagen kann er jeden schlagen. Bei seinem jüngsten Turniersieg in Sofia startete er mit nie gesehenen fünf Siegen in Folge! Die Topspieler Radjabow, Topalow und Aronjan bezwang er sogar mit Schwarz. Und der Chinese Bu hätte im Grunde schon nach neun Zügen aufgeben können. Denn wie kam Iwantschuk mit Weiß in Vorteil?

Lösung: 1.Lxb5+! axb5 (Falls 1...Sbd7, gewinnt 2.Sxd5!) **2.Sxb5 e6** (Denn 3.Sc7+ war nicht sinnvoll zu verhindern, z. B. 2...Sa6 3.Dc6+ Sd7 4.Sxd7.) **3.Sc7+ Ke7 4.Sxa8 Sfd7 5.La3+ Kf6 6.Lb2 Sxe5 7.f4 Sbd7 8.Sc7** (Und Weiß verwertete seinen Materialvorteil nach einigen Zügen mühelos.) **1:0.**

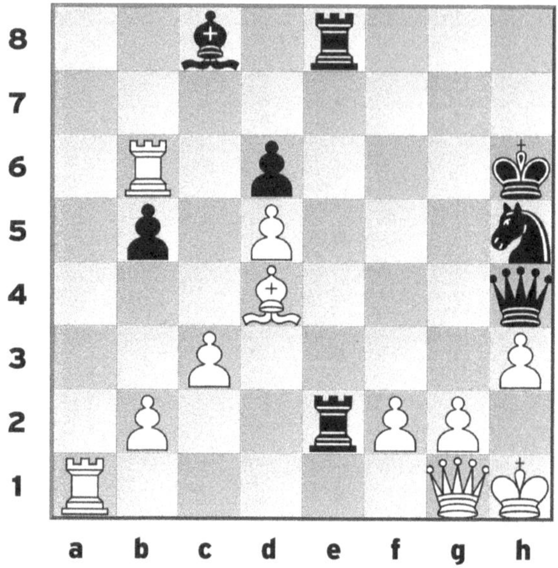

Gata Kamsky wie verwandelt

Als Gata Kamsky im Jahr 1992 zu den Dortmunder Schachtagen kam, schauten seine braunen Augen immer nur ernst durch eine dicke Hornbrille. Wenn man den damals 18-Jährigen etwas fragte, antwortete meistens der Vater, der mal ein sibirischer Preisboxer war, bevor er mit seinem hochtalentierten Sohn in die USA auswanderte. Bereits 1996 stand Gata Kamsky in einem WM-Finale (und verlor es gegen Anatoli Karpow). Danach gab er, auf Weisung des Vaters, das Turnierspielen auf.

Ebenso überraschend kehrte er nach acht Jahren in die Schachwelt zurück. Er hatte ein Jurastudium abgeschlossen, kaum Spielstärke eingebüßt und wirkte selbstbewusst, ja wie verwandelt. Gata Kamsky lachte nun oft und redete freundlich.

Bloß in den vergangenen Wochen war er wieder still, auch E-Mails beantwortete er nicht. Grund ist wohl der Wirrwarr um das WM-Halbfinale gegen den Bulgaren Wesselin Topalow, für das immer noch kein neutraler Spielort gefunden wurde. Seine bislang schönste Kombination des Jahres gelang Kamsky oben mit Schwarz in Baku.

Lösung: 1...Lxh3! 2.Txd6+ Kh7! 3.g3 (Auch mit anderen Zügen hätte Weiß, Ernesto Inarkiew, das Matt nicht abwenden können, z. B. 3.Ta7+ Ld7+ 4.Dh2 Te1 oder 3.gxh3 Dxh3+ 4.Dh2 Te1+.) **3...Lg2+!** (Ein prächtiger Clou!) **4.Kxg2 Dxg3+ 5.Kf1** (Oder 5.Kh1 Dh3+ 6.Dh2 Te1+.) **5...Dh3+ 6.Dg2 Sg3+! 0:1.**

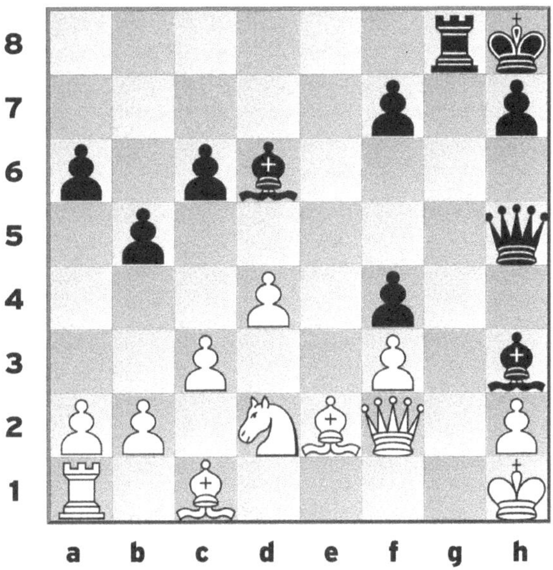

Kafka

Wer mit Leidenschaft die Schachfiguren bewegt, aber irgendwann die Finger davon lässt, weiß gute Gründe. Bei Reiner Stach ist es ein Weltliterat. „Das Turnierspiel habe ich vor Jahren aufgegeben – wegen der intensiven Arbeit an der Kafka-Biografie", sagt Stach. Das Abtauchen in die Welt des Franz Kafka hat sich aber gelohnt. Im Jahr 2002 bekam Stach Lobeshymnen für *Kafka. Die Jahre der Entscheidungen*. Und nun ist im S. Fischer Verlag der zweite Band erschienen: *Kafka. Die Jahre der Erkenntnis*. Auf 726 Seiten behandelt Stach die Jahre von 1916 bis zu Kafkas Tod 1924. Schach ist bei Stach aber nicht aus dem Sinn, so habe er vor zwei Jahren mit einem Essay eine Debatte ausgelöst, „zu dem noch immer heißen Thema ‚Schach und Poker'".

Tatsächlich sind einige Großmeister – des schnellen Geldes wegen – dem Schach untreu geworden. Sogar Topspieler Alexander Grischuk pokert. Dennoch gewann der Russe neulich in Sotschi auf eine rätselhafte, ja beinahe kafkaeske Weise. Was sah Grischuk oben mit Schwarz?

Lösung: 1... Le7! (Ein leiser Rückzug von großer Kraft. Es droht jetzt tödlich 2...Lh4. Verfehlt wären 1...Tg2? oder 1...Lg2+? gewesen, wegen 2.Dxg2.) **2.Ld3 Lh4 3.De2** (Die Dame ist gerettet, aber jetzt wird Weiß, Anton Schomojew, auf der g-Linie matt.) **3...Dg5! 4.De5+ Dxe5 5.dxe5 Lf2 0:1.**

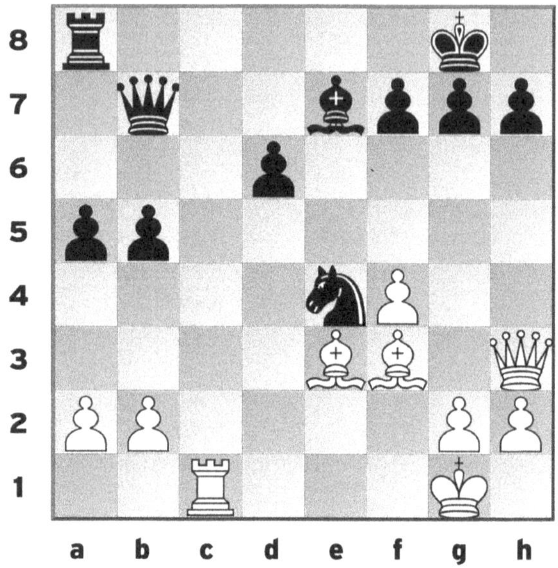

Ruhiger Job

Dortmund, 29. Juni. Andrzej Filipowicz dürfte heute Nachmittag in Dortmund viel weniger zu tun haben als jener Kollege, der am Abend in Wien das Finale der Fußball-EM pfeift. Zwar ist auch Filipowicz ein Schiedsrichter, er braucht aber keine Pfeife. Bestimmt wird er heute wieder auf der Bühne des Dortmunder Schauspielhauses stehen, mit nur zwei, drei schlanken Worten die zweite Runde des Topturniers eröffnen und dann von Tisch zu Tisch schreiten, um bei Kramnik, Iwantschuk und den anderen Stars die digitalen Uhren in Gang zu setzen. Und schließlich wird Filipowicz am Bühnenrand auf seinem Stuhl Platz nehmen.

Vor zwei Jahren war er dort einmal während des Dienstes eingeschlafen. Auch diesmal sollte für den 70-Jährigen nicht viel Arbeit anfallen. Und falls doch einmal, regelt es der freundliche Pole eben mit seiner Erfahrung aus ungezählten Turnieren und den WM-Kämpfen 2000 und 2004. Früher arbeitete Filipowicz als (promovierter) Ingenieurwissenschaftler und war ein spielstarker Internationaler Meister. Was sah er oben mit Weiß?

Lösung: 1.Tc7! (Wegen dieser netten Ablenkung gab Schwarz, ein Spieler namens Silva Nazzari, die in Varna 1962 gespielte Partie sofort auf. Denn nach 1...Dxc7 2.Lxe4 würde die Doppeldrohung 3.Dxh7+ und 3.Lxa8 rasch entscheiden.) **1:0.**

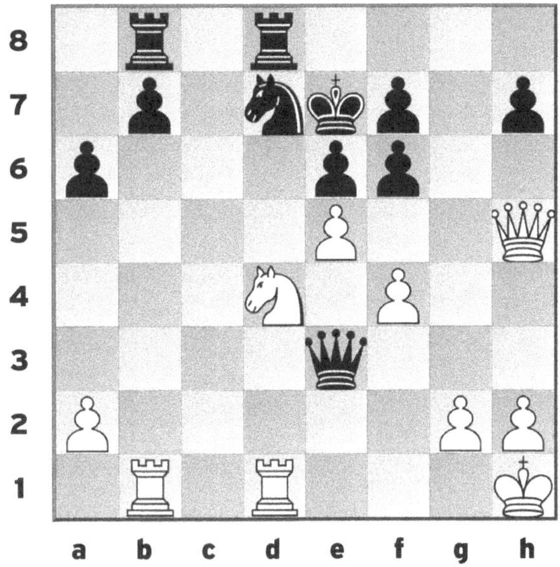

Der Angstgegner

Bei den Dortmunder Schachtagen haben zwei Deutsche von sich reden gemacht. Der Hamburger Jan Gustafsson, weil er mittendrin überraschend die Führung hielt, und der Dortmunder Arkadij Naiditsch, weil er dank tiefgründiger Vorbereitung eine Glanzpartie gegen Exweltmeister Wladimir Kramnik gewann. Im direkten Vergleich gegen Gustafsson war Naiditsch aber wieder mal schlechter vorbereitet. Mittlerweile scheint für ihn der lange blonde Nationalmannschaftskollege ein Angstgegner zu sein: Seit dem Jahr 2004 hat Naiditsch, Nummer eins in Deutschland, viermal gegen Gustafsson gespielt – und viermal hat er verloren. „Ich weiß auch nicht, wieso das gegen ihn so gut läuft", sagt Gustafsson. „Er spielt ja immer sehr scharf."

Diesmal zu scharf. Naiditsch hatte in einer bekannten Eröffnungsvariante seinen König nach e7 geschoben, obwohl dies laut Gustafsson zuletzt „in Partien auf höchster Ebene" vermieden worden war. Sehen Sie, wie Gustafsson die gefährdete Lage des Königs schließlich zum Gewinn nutzte?

Lösung: 1.exf6+! (Bei diesem schlichten Zug musste vorausgesehen werden, dass nun 1...Sxf6 an 2.Txb7+! nebst 3.Sc6+ scheitern würde.) **1...Ke8** (Oder 1...Kf8 2.Dxh7 Sxf6 3.Dh6+ Ke7 4.Txb7+!) **2.Sxe6! Sxf6** (Sonst 2...Dxe6 3.Te1 und gewinnt.) **3.Sc7+ Ke7 4.Dh4!** (Aufgegeben. Die Drohung Td1-e1 entscheidet.) **1:0.**

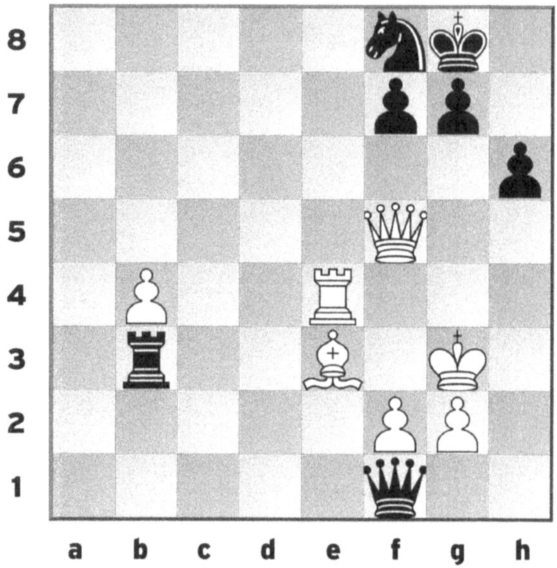

Leko siegt und lobt andere

Für Peter Leko, 28, sind Turniersiege wie der jüngste in Dortmund rar geworden. Der Ungar sagt, die Weltspitze sei viel breiter als früher, weil das allgemeine Schachwissen „in einer irrsinnigen Geschwindigkeit“ wachse. Also formuliert Leko, der Vizeweltmeister von 2004, die eigenen Ziele bescheiden – und lobt die Konkurrenz. Für den nächsten WM-Zyklus seien eher Magnus Carlsen und Wassili Iwantschuk favorisiert. „Sie haben in der letzten Zeit fantastisch gespielt.“ Und zuvor kämpfen ja noch Viswanathan Anand und Wladimir Kramnik um den WM-Titel. Leko sagt, auf dieses „fantastische Match“ im Oktober in der Bonner Kunsthalle freue er sich mit der „ganzen Schachwelt“.

In Dortmund zeigte Kramnik, der Weltmeister von 2000 bis 2007, aber ungewohnte Schwächen und wurde weit hinter Leko Vorletzter. Am Sonntag setzte ihn Iwantschuk derart unter Druck, dass Kramnik ein schwerer Fehler unterlief: Mit welchem stillen Zug erzwang Iwantschuk, mit Weiß spielend, den entscheidenden Materialgewinn?

Lösung: 1.Tf4! (Kramnik gab auf. Plötzlich ist nicht nur der Bauer f7 gefährdet, sondern indirekt auch der Springer f8. Und falls 1...f6, so fällt der Turm nach 2.Dd5+ und 3.Dxb3. Chancenlos wäre auch 1...Txe3+ 2.fxe3, z. B. 2...De1+ 3.Kh2 f6 4.Dd5+ Kh7 5.Dd3+ Kh8 6.b5 usw.) **1:0.**

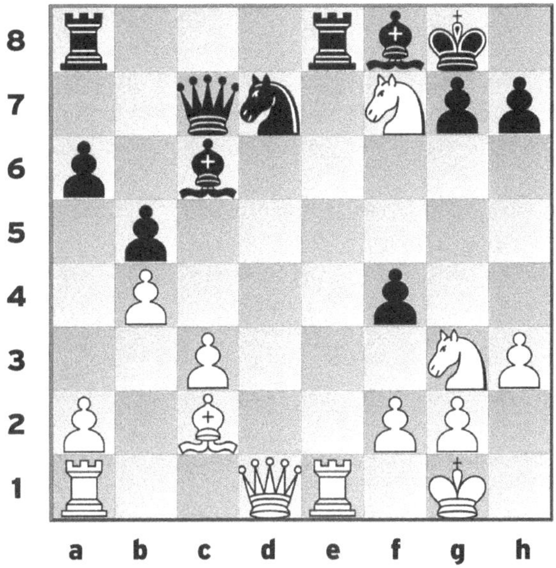

Vishy erzählt von Bobby

Weltmeister Vishy Anand hat erzählt, wie er Bobby Fischer im Jahr 2006 in dessen Exil in Reykjavik traf. „Wer konnte ahnen, dass er zwei Jahre später schon tot ist", sagte Anand. Er hatte damals sogar ein wenig analysiert mit Fischer, jenem vereinsamten Exweltmeister (1972 bis 1975), der immer wunderlicher geworden war. „Fischer benutzte noch ein altes magnetisches Taschenschach", sagte Anand und lachte, „es sah so aus, als habe er damit die letzten 50 Jahre analysiert."

Sie sprachen auch über „Fischerandom-Schach", eine von Fischer erfundene Spielart, bei der vor Partiebeginn die Stellung der Figuren auf den Grundreihen unter allen 960 Möglichkeiten ausgelost wird. Beim Mainzer Schachfestival Chess Classics heißt das Fischerandom-Schach deshalb Chess960 bzw. Schach960. Anand spielte aber diesmal in Mainz nur normales Schach: die inoffizielle Schnellschach-WM. Und er hat das Turnier schon wieder gewonnen. Zum zehnten Mal! Oben jedoch verpasste Anand mit Weiß (gegen Alexander Morosewitsch) einen verborgenen Gewinn. Sehen Sie ihn?

Lösung: 1.Lxh7+! (Anand zog 1.Se4?! und gewann erst nach längerem Kampf.) **1...Kxh7 2.Sg5+ Kg8** (Oder 2...Kg6 3.Dh5+ Kf6 4.Sh7 matt.) **3.Db3+! Kh8 4.Df7!** (Nun kann die Mattdrohung Dh5-h7 wegen der Fesselung nicht mit ...Sf6 pariert werden.) **4...Dd6 5.Dh5+ Dh6 6.Sf7+** und gewinnt.

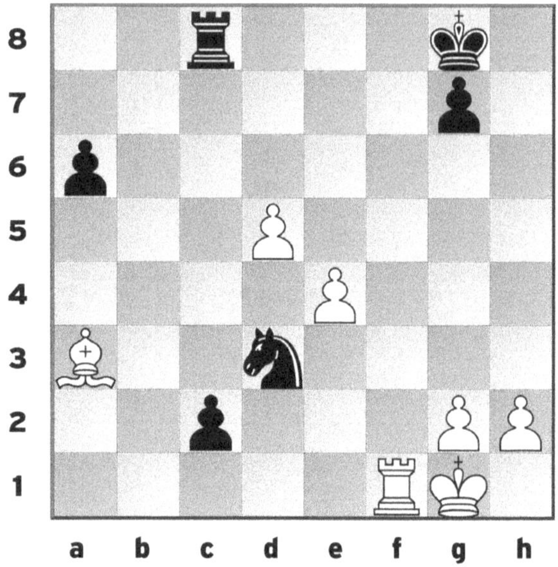

Schach, überlebenswichtig

Im US-Fernsehen haben drei Amerikaner geschildert, wie sie über fünf Jahre im kolumbianischen Dschungel in der Gewalt von Farc-Rebellen lebten. Im Juli waren sie mit zwölf weiteren Geiseln befreit worden. Die Männer verrieten, was für sie überlebenswichtig war: Schach mit selbstgeschnitzten Figuren. „Wir saßen in Ketten und haben auf einem Stück Plastik gespielt", sagte Keith Stansell.

Schach gegen das Wahnsinnigwerden – das hatte Stefan Zweig schon 1942 in seiner *Schachnovelle* beschrieben: Zweigs Held, Dr. B., hat die Isolationshaft der Nazis nur dank eines Schachbuchs überstanden. In Freiheit kommt er wieder mit dem Spiel in Berührung. Als Dr. B. während einer Schifffahrt von New York nach Buenos Aires Passagiere gegen den „Weltschachmeister Czentovic" spielen sieht, greift er ein: „Es ist beinahe dieselbe Konstellation, wie sie Aljechin gegen Bogoljubow 1922 im Pistyaner Großturnier initiiert hat." Diese Partie gab es wirklich! Wie hielt der große Alexander Aljechin mit Weiß remis?

Lösung: 1.d6! (So bleibt die Partie im Gleichgewicht. Andere Züge wären schwächer, z.B. 1.Lc1? Te8! 2.d6 Txe4.) **1...Kh7!** (Aljechins Idee, auch von „Dr. B." skizziert, war 1...c1D? 2.Lxc1 Sxc1 3.d7!) **2.h4 Tc4 3.e5 Sxe5 4.Lb2 Tc8 5.Tc1 Sd7 6.Kf2 Kg6 7.Ke3 Tc6 8.Ld4 Sf6 9.Kd3 Txd6 10.Txc2 remis.**

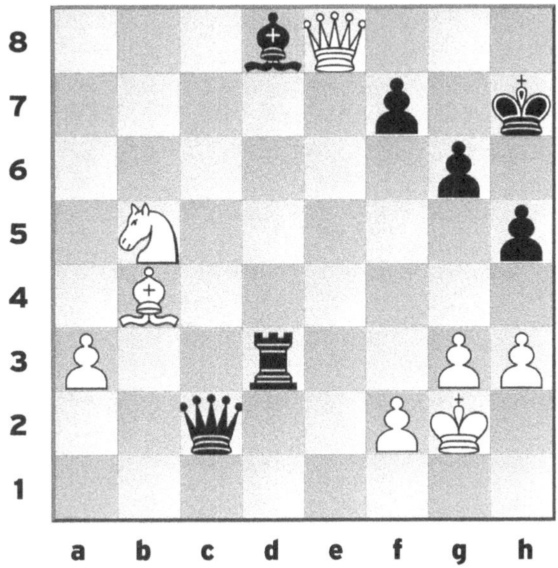

John und Jon

Vor Jahren schlenderten Dr. John Nunn und Jon Speelman während eines Bundesligakampfs durch die Zuschauerreihen. Ihre eigenen Partien (für den Lübecker SV) hatten sie an jenem Tag bereits beendet. Die seelenverwandten Denker – beides Großmeister, beides Mathematiker, beides Briten – kamen an irgendeinen Tisch, an dem noch gespielt wurde. John und Jon reckten ihre wuscheligen Häupter schweigend gen Schachbrett. „Hast du eine Ahnung, was der letzte weiße Zug war?", flüsterte Speelman schließlich. Nunn antwortete: „Nein, ich habe absolut keine Idee." Manchmal offenbart sich leidenschaftlicher Forscherdrang eben ganz nebenbei.

Beseelt von systematischem Denken und genuiner Freude am Kombinieren ist auch *Jon Speelman's Chess Puzzle Book*, ein neues Buch, zu dessen Produktion Speelman von Nunn, dem Chef des Gambit-Verlages, überredet worden war. Ebenfalls angenehm, dass Speelman uneitel auch mal einen eigenen Untergang zeigt: Wie wurde er oben von Peng Xiaomin mit Schwarz ausgeknockt?

Lösung: Speelman schreibt: „Ich dachte, ich kämpfe noch, bis mich mein Gegner mit etwas Wunderschönem schlug." **1...Txg3+! 2.Kxg3 Lh4+! 3.Kxh4** (Oder 3.Kf3 Dxf2+ 4.Ke4 De2+ bzw. 3.Kh2 Dxf2+ 4.Kh1 Df3+ 5.Kg1 Lf2+ 6.Kf1 Lg3+ nebst Matt.) **3...Dxf2+ 4.Kg5 Df5+ 5.Kh4 Df4 matt - 0:1.**

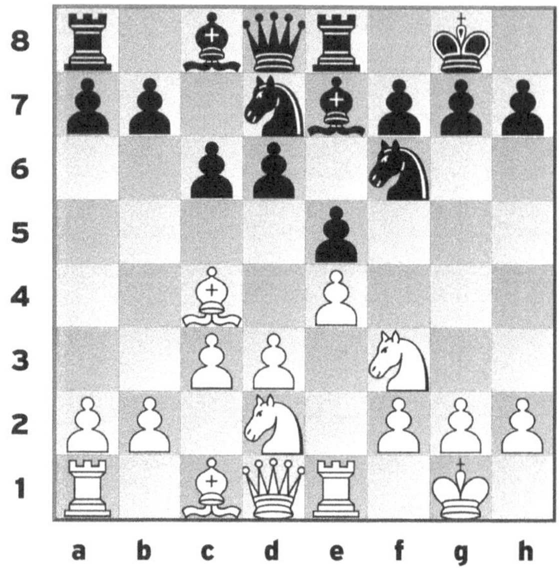

Riskante Frauen-WM

Schon vor dem Krieg in Südossetien galt Naltschik, die Hauptstadt der an Georgien grenzenden russischen Teilrepublik Kabardino-Balkarien, als ein umstrittener Austragungsort für die Frauenschach-WM. Ab Ende August werden dort die Holzfiguren bewegt, aber nicht von georgischen Spielerinnen. Auch das deutsche Auswärtige Amt rät dringend von Reisen nach Kabardino-Balkarien ab, wegen „anhaltend verstärkter Anschlagsgefahr, kriegerischen Auseinandersetzungen, Entführungsfällen und Gewaltkriminalität". Dennoch will Elisabeth Pähtz, 23, unbedingt nach Naltschik reisen. Bedenken schiebt die frühere U20-Weltmeisterin mit gutgläubiger Logik beiseite. „Russland kann es sich politisch gar nicht leisten, uns irgendeinem Risiko auszusetzen", sagt Pähtz. „Als Georgierin hätte ich allerdings auch abgesagt."

Na ja, hoffentlich kann sie sich auch diesmal auf ihre guten Instinkte verlassen. Oben spürte Pähtz, mit Weiß spielend in Biel 2004, dass bei Schwarz, Monika Seps, irgendetwas nicht stimmte. Was war's?

Lösung: Verträumt hatte Seps soeben ihren Turm auf e8 platziert - was von Pähtz sogleich streng bestraft wurde: **1.Lxf7+! Kxf7 2.Sg5+ Kg8 3.Se6** (Schwarz gab auf, denn der Damenverlust wäre nicht abzuwenden, z. B. 3...Db6 4.Sc4 Db5 5.a4 Da6 6.Sc7.) **1:0.**

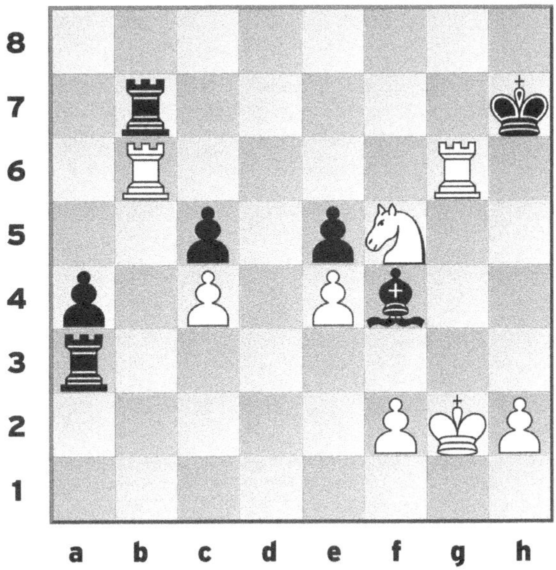

Kramniks Wasserlösung

Erstaunlich, wo überall nach guten Zügen gesucht wird. „Ich gebe zu, dass ich im Bundestag auf der Regierungsbank gelegentlich schon Schachrätsel aus Zeitungen vor mir liegen hatte", verriet Peer Steinbrück der *Süddeutschen Zeitung*. Der Bundesfinanzminister und Hobbyschachspieler tritt übrigens bald als Schirmherr auf, wenn Viswanathan Anand und Wladimir Kramnik in Bonn um die WM spielen. Auch Kramnik pflegt an einem ungewöhnlichen Ort Rätsel zu lösen: im Schwimmbecken. Bevor der Russe Tag für Tag ins Wasser springt, um die verhassten, aber vom Arzt empfohlenen Bahnen zu schwimmen, prägt er sich immer ein paar knifflige Studien ein. Das vertreibe die Monotonie des Schwimmens, sagt Kramnik. Und nebenbei schärft die Suche nach Lösungen das taktische Auge für den Wettkampf.

Verglichen mit den üblichen Trainingsaufgaben, war das, was er jetzt beim Turnier in Moskau zu lösen hatte, bestimmt leicht. Clever knüpfte Kramnik mit Weiß Jewgeni Alexejew wertvolles Material ab. Wie?

Lösung: 1.Th6+! (Bloß nicht 1.Txb7+?? Kxg6 und Schwarz würde mitspielen.) **1...Lxh6** (Oder 1...Kg8 2.Tbg6+ Kf8 3.Th8+ Kf7 4.Tg7+ und gewinnt.) **2.Txb7+ Kg6** (Der König muss den Läufer decken, aber ...) **3.Tb6+** (Dieses Rückkehrmotiv erobert den Läufer trotzdem.) **1:0.**

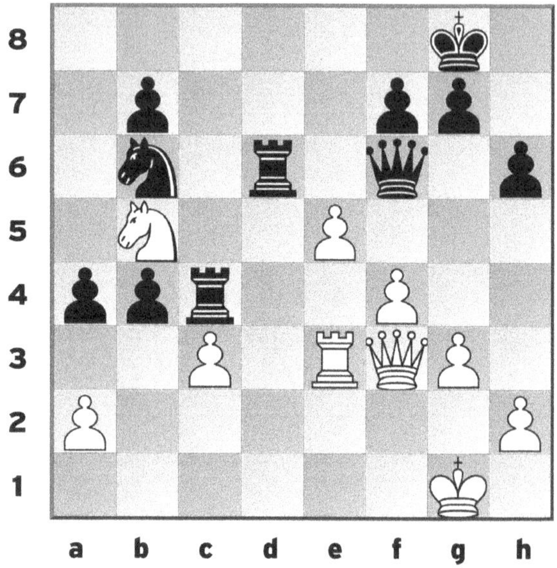

Die berühmten drei Worte

Vor genau hundert Jahren kämpften das einzige Mal in der Schachgeschichte zwei Deutsche um den WM-Titel. Der Weltmeister, Weltenbummler und Mathematiker Dr. Emanuel Lasker gegen Dr. Siegbert Tarrasch, den gutsituierten Arzt aus Nürnberg. Für Lasker, der mit elf das pommersche Berlinchen verlassen hatte und zum großen Bruder nach Berlin gezogen war, bedeutete Schach vor allem Kampf; er sah es pragmatisch, blieb in allen Partiephasen hellwach, suchte aber im Gegensatz zu Tarrasch nicht immer den objektiv stärksten Zug, sondern begnügte sich auch mal mit einem unangenehmen. Menschlich waren sich die Rivalen ebenfalls fremd. „Ihnen, Herr Lasker, habe ich nur drei Worte zu sagen: Schach und matt!", zischte Tarrasch.

Insgesamt wollten 30.000 Zuschauer die 16 Partien in Düsseldorf und München sehen. Am Ende gewann Lasker, der so lange wie kein anderer Weltmeister bleiben sollte (von 1894 bis 1921), mit fünf Punkten Vorsprung. Sehen Sie, wie Lasker oben mit Schwarz die vierte Partie entschied?

Lösung: 1...Txf4! 2.gxf4 (Chancenlos wären auch 2.Dxf4 Td1+ 3.Kg2 De6 oder 2.De2 Tf1+!, z. B. 3.Kg2 Df2+ 4.Dxf2 Txf2+ 5.Kxf2 Td5 6.Sd6 Td2+ 7.Te2 Txe2+ 8.Kxe2 b3 9.axb3 a3.) **2...Dg6+ 3.Kh1** (Oder 3.Dg3 Td1+ 4.Kf2 Db1 und gewinnt.) **3...Db1+ 4.Kg2 Td2+ 5.Te2** und nach wenigen Zügen gab Tarrasch auf. **0:1.**

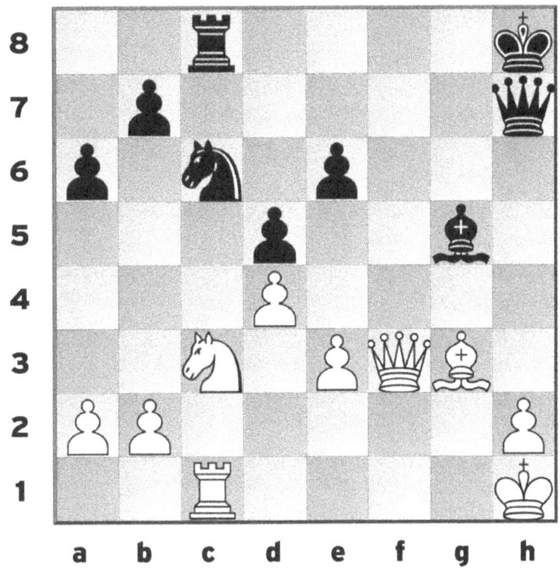

Humpys Vision

Ist Schachspielen eine Vergeudung von Energien? Und typisch männlich? Das noble Spiel soll hier keinesfalls denunziert werden, es geht ausnahmsweise um das Große und Ganze. Die Frage, wieso vergleichsweise wenige Frauen Schach spielen, wäre jedenfalls mal ein Thema für die Gender-Forschung. Männer interessieren sich ja auch eher für Modelleisenbahnen und Waffen, wer weiß, vielleicht begreifen Frauen besser, was der Menschheit wirklich weiterhilft. Oder ist alles sozialisationsbedingt?

Fast 94 Prozent der Mitglieder des Deutschen Schachbundes sind männlich. In diesem auch global zu beobachtenden Missverhältnis sieht die junge indische Topgroßmeisterin Koneru Humpy auch den Grund für die Dominanz der Männer in der Weltspitze. Doch Koneru glaubt, dass Frauen bald auf hohem Niveau konkurrieren können, weil die Zahl der weiblichen Profis steigt. Bei der laufenden Frauen-WM in Nalschik/Russland ebnete sich Koneru, oben mit Weiß wirbelnd, gegen Shen Yang den Weg ins Halbfinale. Wie?

Lösung: 1.Sxd5! exd5 2.Le5+ Kg8 (Oder 2...Sxe5 3.Txc8+ Kg7 4.Df8+ und gewinnt.) **3.Tg1! Sxe5** (Der Läufer g5 war nicht zu retten, z. B. 3...De7 4.Dh5.) **4.Txg5+ Sg6** (Oder 4...Kh8 5.Df6+!) **5.Dxd5+!** (Schwarz ist verloren, z. B. 5...Kg7 6.Dxb7+ oder 5...Kf8 6.Df5+ oder 5...Kh8 6.Th5!) **1:0.**

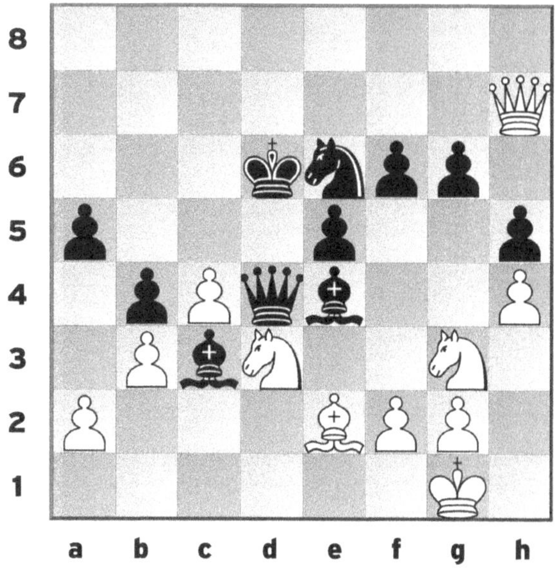

Sanfte Kraft

Sie spricht immer schüchtern und leise, aber ihre Züge haben gewaltige Kraft. Sie ist erst 14 Jahre alt, aber ihre Partien zeugen von Reife und Tiefe. Das Irritierendste an Hou Yifan bleibt jedoch ihr Lächeln. Man sieht ihrem Gesicht nie an, ob sie gerade gewonnen oder eine schwere Niederlage erlitten hat. Für unsereins aus dem westlichen Kulturkreis wirkt das natürlich ungewohnt. Klar, diese kleine Großmeisterin aus China wird eines nicht allzu fernen Tages auch den besten Männern gefährlich werden. Weltmeisterin wäre sie beinahe jetzt schon geworden, allerdings unterlag Hou im Finale der Frauen-WM in Naltschik/Russland der über weite Strecken perfekt aufspielenden Russin Alexandra Kostenjuk mit 1,5:2,5 Punkten.

Zu Hause in Peking lebe sie ganz normal, sagt Hou. Neben Schule und vier bis fünf Stunden Training täglich bleibe durchaus noch Zeit für Lesen und Musik hören. Sehen Sie, wie Hou oben mit Weiß im WM-Halbfinale die favorisierte Inderin Koneru Humpy bezwang?

Lösung: 1.c5+! (Dieser kleine Nadelstich zerstört das Zusammenspiel der Verteidiger.) **1...Sxc5** (Oder 1...Kc6 2.Sxe4 Dxe4 3.Lf3.) **2.Sxc5** (Koneru gab auf. Hoffnungslos wären 2...Dxc5 3.Sxe4+ und auch 2...Kxc5 3.Dc7+ Lc6 4.Lf3! Dd7 5.Se4+ Kb5 6.Le2+ bzw. 5...Kd4 6.Db6+ Kd3 7.Sc5+.) **1:0.**

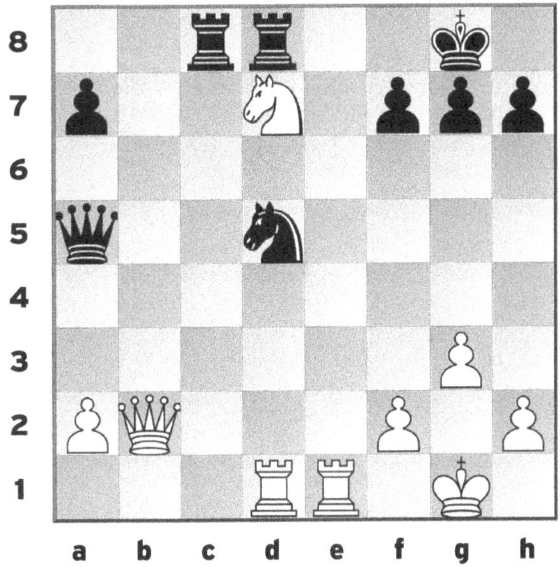

Funktionäre fordern Pünktlichkeit

Eine neue Regel sorgt schon vor ihrer Einführung für Missmut. Wer bei der Schacholympiade in Dresden unpünktlich zur Partie kommt, verliert kampflos. Hoppla, da haben sie im Weltschachbund Fide wohl zweierlei vernachlässigt: Nachdenken und Kommunizieren. Wenn einer mal zwei Minuten zu spät zur Partie erscheint, steckt doch meist keine böse Absicht dahinter, zumal es ihn wertvolle Bedenkzeit kostet. Gut, die Funktionäre sagen, Schach soll so zuschauerfreundlich erscheinen wie andere Sportarten. Doch offenbar haben sie nicht bedacht, dass in anderen Sportarten auch verspätet eintreffende Spieler noch teilnehmen dürfen. Mit den Betroffenen scheinen die Funktionäre gar nicht gesprochen zu haben. „Viel zu hart", findet Levon Aronjan vom Titelverteidiger Armenien die Regel. Sicher sei sie für „über 99 Prozent meiner Kollegen" eine Enttäuschung, schrieb uns der Weltklassemann per E-Mail. „Wir leisten schließlich auch etwas Künstlerisches und Kreatives."

Welchen Kreativzug zeigte Aronjan mit Weiß im Sommer gegen Boris Gelfand?

Lösung: 1.De5! (Der Springer d5 ist nun zweimal angegriffen, kann aber wegen der ungeschützten Dame a5 nicht wegziehen. Der weiße Springer würde Schwarz nicht munden, wegen 1...Txd7 2.De8+! nebst matt. Ergo gab Gelfand die Partie, gespielt beim Grand-Prix in Sotschi, sofort auf.) **1:0.**

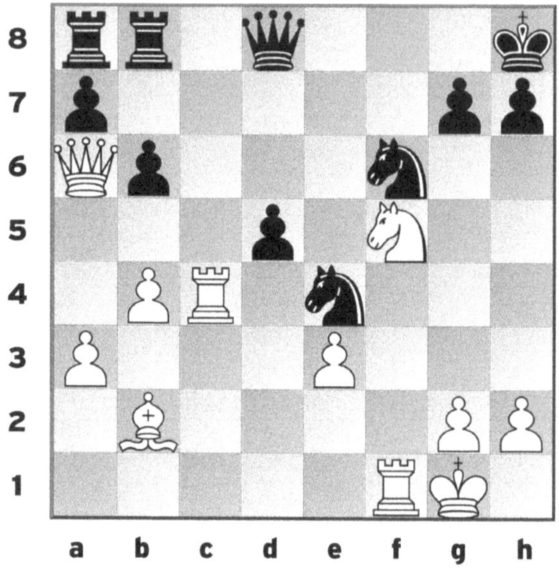

Die treuen Diener in Bonn

Was machen Viswanathan Anand und Wladimir Kramnik an einem spielfreien Tag bei der WM in Bonn? Natürlich entspannen. Und Kramnik fügt noch lächelnd hinzu: „Ich werde meine Jungs antreiben." Er meint die Großmeister Fressinet, Rublewski und Leko, deren Köpfe und PCs in diesen Tagen und Nächten ebenso heißgelaufen sein dürften wie die von Anands Sekundanten. Die treuen Diener suchen nämlich auf ihren Hotelzimmern nach letzten Wahrheiten über das Damengambit und dergleichen. Damit ihre Chefs gut vorbereitet sind auf die Partien in der Bundeskunsthalle. Die Sekundanten des in Führung liegenden Anand scheinen jedoch bislang effektiver gesucht zu haben.

Zwei andere sind nicht vor Ort: Jungstar Magnus Carlsen, der aber im Vorfeld mit Anand trainierte, und Loek van Wely, der Kramnik zuletzt sekundiert hatte. Statt in Bonn zu dienen, spielen die beiden zurzeit die europäischen Klubmeisterschaften in Kallithea/Griechenland mit. Van Wely, oben mit Weiß, überwältigte dort u. a. Tomas Zarzo Lopez. Wie?

Lösung: 1.Txe4! dxe4 (Oder 1...Sxe4 2.Lxg7+ Kg8 3.Ld4 und Weiß, der u. a. 4.Sh6 matt droht, gewänne leicht.) **2.Sxg7!** (Freie Sicht für den Läufer b2!) **2...Kxg7 3.Db5** (Schwarz gab auf. Die Dame schwenkt je nach Bedarf nach g5, f5 bzw. e5 und danach gibt es für Springer und König keine Rettung mehr.) **1:0.**

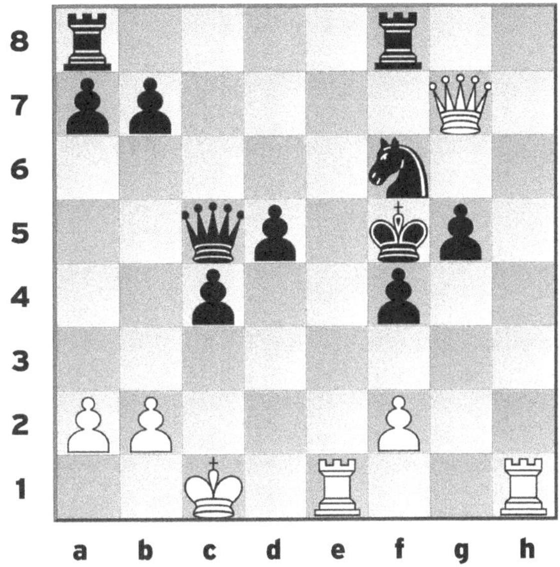

Aronjan hofft auf Besseres

Obwohl Levon Aronjan derzeit jeden Tag in Griechenland am Brett sitzt, versendet er abends noch per SMS Online-Kommentare zum WM-Kampf zwischen Viswanathan Anand und Wladimir Kramnik in Bonn. Eigentlich besitzt der Armenier ja selber alle Fähigkeiten, eines Tages Weltmeister zu werden. Sogar gegen Anand und Kramnik hat er in diesem Jahr schon gewonnen. Die Konkurrenten fürchten sein Können, aber zugleich schätzen sie Humor und Respekt, mit denen Aronjan ihnen begegnet. Beispielsweise hält er Wassili Iwantschuk für den „kreativsten Spieler unserer Zeit“. Und auch zur WM in Bonn fand er würdigende Worte. Bloß als Kramnik zum dritten Mal gegen Anand verlor, hoffte Aronjan aufrichtig, der Russe möge bald „sein bestes Schach“ spielen.

Wie bestes Schach aussehen könnte, zeigte Aronjan dann am nächsten Tag beim EU-Team-Cup in Griechenland gegen Andrej Wolokitin. Welch ein brillanter Opferangriff! Sehen Sie, wie Aronjan oben mit Weiß den im freien Feld befindlichen schwarzen König zu fassen bekam?

Lösung: 1.Th5! Sxh5 (Danach wird es schnell matt. Aber auch der zähere Computerzug 1...De3+ verliert, z. B. 2.Txe3 fxe3 3.Txg5+ Ke6 4.Dxb7 exf2 5.Dc6+ Ke7 6.Dc7+ Sd7 7.Te5+ usw.) **2.Te5+ Kg4 3.Dxg5+ Kf3 4.Dxh5+ Kxf2** (Oder 4...Kg2 5.Dg4+ Kf1 6.De2+ Kg1 7.Tg5+ nebst Matt.) **5.De2+ 1:0.**

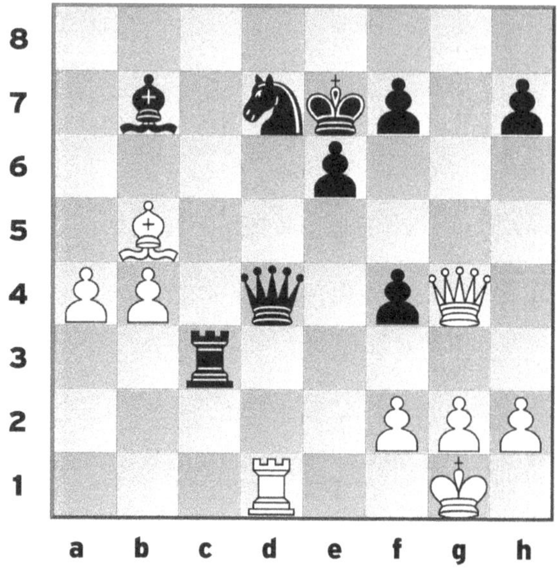

Indische List

Der Kampf um die Weltmeisterschaft in der Bonner Bundeskunsthalle war quasi schon nach sechs Partien entschieden. Da führte Viswanathan Anand, der Titelinhaber, gegen Wladimir Kramnik, den Herausforderer, mit drei Punkten Vorsprung. Solch eine Dominanz des Inders war wohl von niemandem erwartet worden. Dabei hatte Kramnik vorher Anands Genie klar benannt: „Er ist stark darin, Fallen zu stellen und die Spannung zu halten. Er ist enorm trickreich und versteht es, Druck auszuüben und dann von den Fehlern des Gegners zu profitieren." Trotz alledem ließ der Russe sich in der ersten Wettkampfhälfte auf Stellungstypen ein, in denen die Stärken Anands hervortraten. Der feine Stratege Kramnik indes verbrauchte im taktischen Gewühl viel Bedenkzeit und Energie, die ihm später fehlten.

In der Diagrammstellung glaubte er, die soeben geopferte Figur bald zurückzugewinnen. Doch in Wirklichkeit war Kramnik in eine tiefgründige Falle getappt. Was zog Anand mit Schwarz? Und welche List hatte der Inder am Ende einer längeren Abwicklung im Sinn?

Lösung: 1...Sf6! (Erzwungen und stark.) **2.Txd4 Sxg4 3.Td7+ Kf6 4.Txb7 Tc1+ 5.Lf1** (Anand schaute Kramnik an, aber dieser merkte erst nach ...) **5...Se3!** (..., dass er verloren ist.) **6.fxe3** (Auch 6.h3 Txf1+ 7.Kh2 Txf2 hätte nichts geändert.) **6...fxe3** (Kramnik gab auf, aus dem e-Bauern wird gleich eine Dame.) **0:1.**

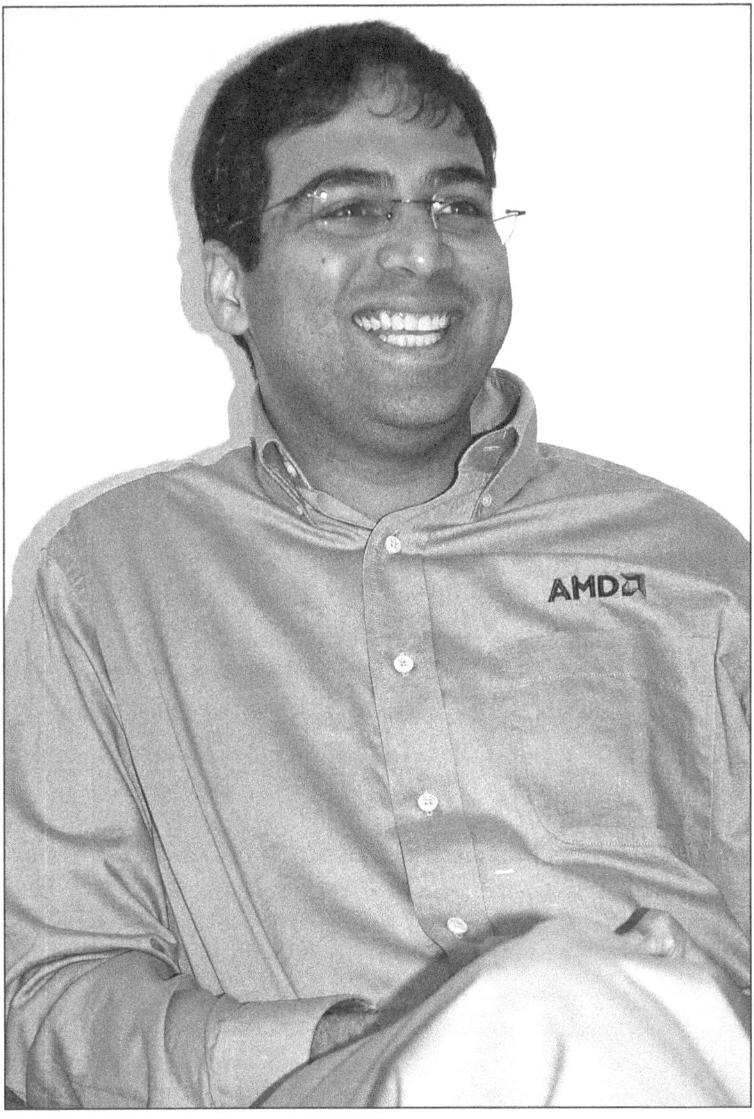

Viswanathan Anand

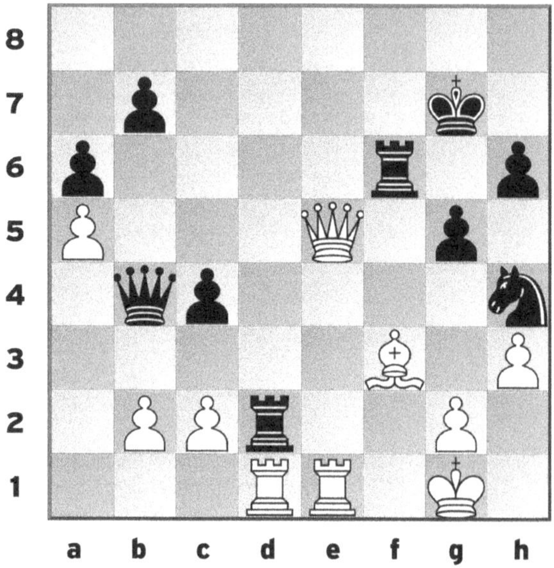

Anands goldener Zug

Am Tag danach saß Viswanathan Anand entspannt in Zimmer 344 eines Nobelhotels am Rheinufer in Bonn. Auf dem Tisch lag ein Schachbrett, und noch einmal baute der Weltmeister die Holzfiguren auf, bis zu jenem cleveren Läuferzug, mit dem er Wladimir Kramnik gleich zweimal bezwungen hatte. „Ich mag diese Art zu spielen", sagte Anand. „Es war wichtig, solche Stellungen aufs Brett zu bekommen."

Womöglich scheiterte Kramnik bei dieser WM ja nur an diesem einen, im Nachhinein goldenen Zug: Läufer b7 in der Meraner Variante! Anand gab zu, das größte Verdienst an der Ausarbeitung dieses tiefgründigen Konzepts gebühre nicht ihm, sondern Rustam Kasimdschanow, einem seiner Sekundanten. „Prinzipiell war es Rustams Idee, er hat sie entwickelt."

Tja, drei Jahre zuvor, im Herbst 2005, waren der Inder und der Usbeke noch Gegner im WM-Turnier in Argentinien. Damals besiegte der in Schönenberg/Nordrhein-Westfalen lebende Kasimdschanow, oben mit Weiß, seinen späteren Chef sogar in kraftvoller Manier. Nach welchem stillen Zug stand es schlecht um Anands König?

Lösung: 1.Lh5! (Zielt nach g6 und f7. Der König ist schutzlos.) **1...Sg6** (Oder 1...Txg2+ 2.Kh1 und gewinnt, z.B. 2...Df8 3.Td7+ Kg8 4.Dxf6! Dxf6 5.Te8+ Df8 6.Lf7+ Kg7 7.Lxc4+.) **2.Lxg6 Txd1** (Oder 2... Kxg6 3.De8+ nebst Matt.) **3.Txd1 Kxg6 4.De4+ Kg7 5.Td7+ Kg8** (Es wäre auch nach 5...Kf8 6.De5 aus.) **6.Dh7+ 1:0.**

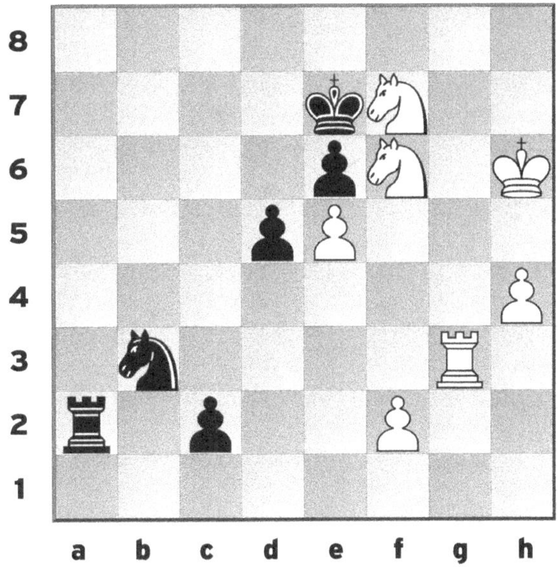

Schönheit ist ...

Obwohl die Menschen in Sachen Schönheit ganz unterschiedlich empfinden, stimmen sie in manchen Fällen doch ungefähr überein. Wer sagt, dieser Fuß ist wohlgeformt oder jene Rose ist wunderschön, empfängt jedenfalls selten Unverständnis. Um im Schach wahre Schönheit zu erkennen, braucht es jedoch spezielle Erfahrungen. Für Laien bleibt das Spiel oft grau. Weltmeister Viswanathan Anand hat neulich erklärt, die Schönheit im Schach liege im „Gegenteil des Erwartbaren". Jeder wisse, dass eine Dame stärker sei als ein Turm, „aber es gibt auch Ausnahmen, wo es umgekehrt ist".

Hin und wieder kommen die schönen Ausnahmen aber zu spät ans Licht, zum Beispiel in der obigen Stellung, die sich soeben im Zweitligaspiel zwischen Lübeck und Tegel ereignete. Der Lübecker Michael Ehrke übersah einen fantastischen Gewinn und verlor am Ende noch gegen Georg Kachibadze. Dabei hätte Ehrke mit Weiß nach einer herrlichen, aber schwer zu findenden Feinheit mehr Freude an seinem Turm haben können als Schwarz an einer Dame. Wieso?

Lösung: 1.Tg8! (Dies hätte Schwarz, trotz Mehrbesitz einer Dame, völlig hilflos aussehen lassen.) **1... c1D+** (Oder 1...Kxf7 2.Tg7+! Kf8 3.Kg6! und Tg7-f7 matt.) **2.Kg7!** (Droht 3.Te8 matt.) **2...Dc6** (Oder 2... Dg1+ 3.Sg5 und Tg8-e8.) **3.Sh8!** (Es ginge auch 3.Td8! und 4.Sg8 matt.) **3...Txf2 4.Sg6** matt.

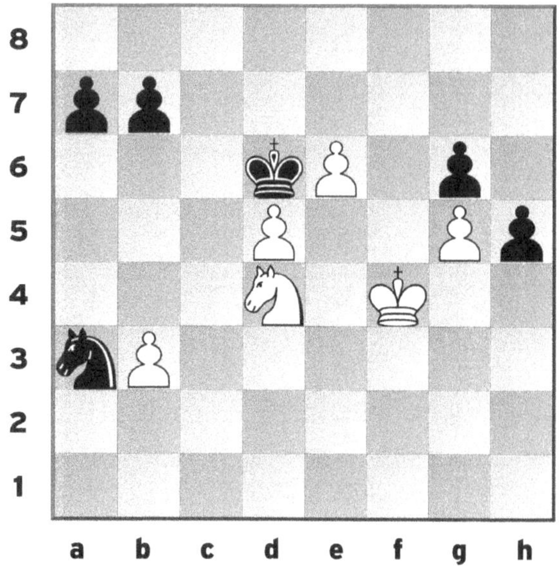

Magnus' Magie inspiriert

Auf die Bühne wird es Magnus Carlsen mit seinen Teamkollegen wohl nicht mehr schaffen. Dort oben spielen immer nur die führenden Teams, aber für einen Medaillenrang sind die Norweger bei dieser 38. Schacholympiade in Dresden nicht stark genug. Obwohl sie Carlsen haben. Das 17-jährige Schachgenie wird also auch in den nächsten Novembertagen wieder mitten in der riesigen Kongresshalle am Elbufer sitzen – zwischen tausend Spielerinnen und Spielern aus aller Welt. Was ihn von Normalsterblichen unterscheidet, ist bei einem zufälligen Blick unter den Spieltisch nicht gleich ersichtlich: Carlsen trägt schwarz-weiß karierte Socken und dazu braune Slipper. Inspirierender, geradezu magisch wirkt das, was er auf den schwarzen und weißen Feldern vorträgt.

Und manchmal scheinen die Teamkollegen in seiner Gegenwart über sich hinauszuwachsen. So siegte Norwegen im Kampf gegen China, weil Großmeister Kjetil Lie, mit Weiß spielend, den klar favorisierten Chinesen Bu pfiffig bezwang. Wie?

Lösung: 1.Sf5+! (Nur auf diese Weise kommt das weiße Bauernduo in Gang. Schwarz kann den Springer nicht gut wegnehmen, weil nach 1...gxf5 2.g6 der g-Bauer auf seinem Weg zur Umwandlung nicht mehr aufzuhalten wäre.) **1...Kc7 2.d6+** (Bu gab angesichts 3.e7 und 4.Sg7 auf.) **1:0.**

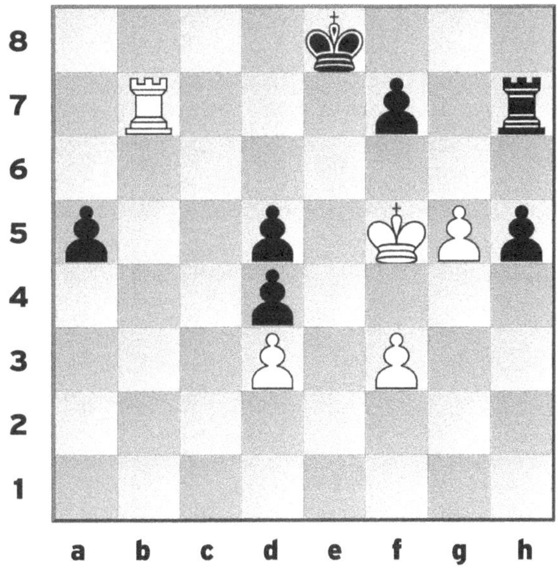

Doch in Sofia

Durchaus überraschend, dass Gata Kamsky am Rande der Schacholympiade in Dresden zugestimmt hat, einen Wettkampf gegen den Bulgaren Wesselin Topalow in dessen Heimat spielen zu wollen. Bis dahin hatte er dies kategorisch abgelehnt. Die Suche nach einem neutralen Spielort war zu einer monatelangen Farce geworden, am Ende drohte dem US-Amerikaner die Disqualifikation. Ergo wird Kamsky im Februar in Sofia spielen, was mangels Alternative „eine Entscheidung des gesunden Menschenverstands" sei, sagte Emil Sutovsky, Kamskys Sekundant. Um einen fairen Kampf zu erhalten, hätten beide Lager vor der Vertragsunterzeichnung neun Stunden über technische Details gesprochen. Klar, in den acht Partien steht viel auf dem Spiel: Der Sieger wird Herausforderer von Weltmeister Viswanathan Anand.

Nur Alexej Schirow dürfte Kamskys Entscheidung bedauert haben, denn er stand schon als dessen Nachrücker bereit. Immerhin saß er Topalow in der vorletzten Runde der Schacholympiade gegenüber. Wie entschied Schirow, mit Weiß, diese Glanzpartie?

Lösung: 1.Kf6! (Der König kommt! Und zwar in aller Ruhe. Schirow hatte schon einige Züge zuvor erkannt, dass Schwarz hier trotz zweier Mehrbauern chancenlos ist, weil der Turm h7 extrem unglücklich platziert bleibt.) **1...h4 2.g6! Th6 3.Txf7** (Topalow gab in Anbetracht von 3...h3 4.Th7 auf.) **1:0.**

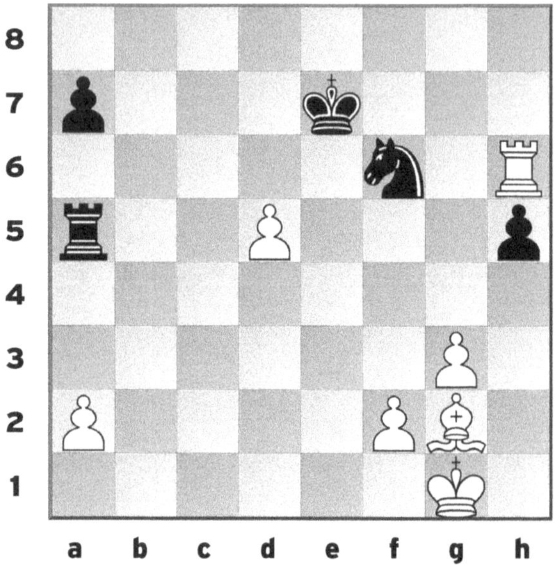

Der Staatspräsident fliegt ein

Vorn an der Luxuslimousine flatterte ein rot-blau-oranges Fähnchen, als Sersch Sarkisjan mit seinen Gefolgsleuten stolz aus dem Dresdner Kongresszentrum trat. Es war wohl nur der kalte Wind, der die Augen des armenischen Staatspräsidenten wässrig machte. Sarkisjan hatte sich extra zur Schacholympiade nach Deutschland fliegen lassen, um seine Landsmänner in der Schlussrunde zu unterstützen. Dass die Armenier dann tatsächlich Olympiasieger wurden, verdanke man der „Einheit der Mannschaft", sagte Sarkisjan. Bevor er ins Auto stieg, sprach er noch von der großen Bedeutung, die Schach in der Kaukasusrepublik habe und dass man erst am nächsten Tag in die Heimat zurückfliegen werde. „Wir wollen unser Volk nicht in der Nacht stören." Was er damit meinte, zeigten später die Bilder von der Ankunft der Armenier in Jerewan: eine jubelnde, Fahnen schwenkende Menschenmasse.

Mit Gabriel Sargissjan war auch der erfolgreichste von allen 1.300 Spielern in Dresden ein Armenier. Was zog er mit Weiß?

Lösung: 1.d6+! (So wird Weiß zwangsläufig den Springer gewinnen.) **1...Kf7 2.d7! Sxd7** (Oder 2...Ke7 3.Txf6.) **3.Th7+** (Und Luca Shytaj kapitulierte, denn sein Springer wäre nach 3...Ke8 4.Lc6 bzw. 3...Ke6 4.Lh3+ erledigt. Anschließend hätte Weiß keine Mühe, die eigenen Bauern voranzutreiben.) **1:0.**

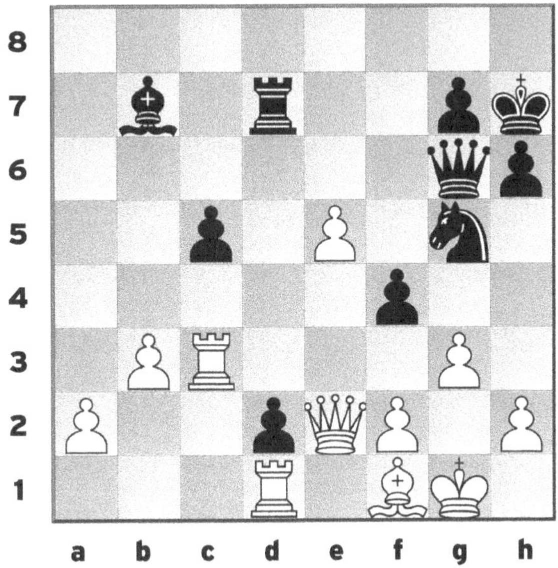

Topspieler protestieren

Endlich regt sich unter Topspielern mal Protest gegen den Weltschachbund Fide. Das junge Genie Magnus Carlsen hat sich aus der laufenden WM-Qualifikation zurückgezogen, weil Kirsan Iljumschinow, der Fide-Präsident, verkündete, den WM-Zyklus um ein weiteres Turnier zu verlängern. Levon Aronjan könnte Carlsens Beispiel folgen, aber vielleicht revidiert die Fide ihre Entscheidung ja noch. Aronjan verglich die Lage mit einem Marathonläufer, der nach 20 Kilometern plötzlich erfährt, dass er diesmal nicht 42, sondern 80 Kilometer laufen soll. Bei dieser Fide-Führung überrascht allerdings gar nichts mehr. Sie ändert von jeher die Regeln nach persönlichen Interessen und privilegiert einzelne Spieler. Es wäre naiv, darauf zu hoffen, die kleine Clique könne irgendwann beginnen, demokratisch zu handeln. Deshalb ist es gut, dass Carlsens Vater Henrik nun en passant auch mit rechtlichen Schritten gedroht hat.

Und womit drohte Magnus, oben als Schwarzer am Zug, in Dresden Jonathan Rowson?

Lösung: 1...Dc6! (Der relativ leichte Auftakt: Es droht Matt auf h1.) **2.f3 Sxf3+ 3.Kf2 Sg5!** (Ein etwas schwieriger zu findendes Rückkehrmotiv: Weiß ist machtlos gegen die Doppeldrohung 4...Se4+ und 4...Dh1.) **4.e6 Se4+ 5.Dxe4+ Dxe4 6.exd7 Dd4+ 7.Ke2 La6+ 0:1.**

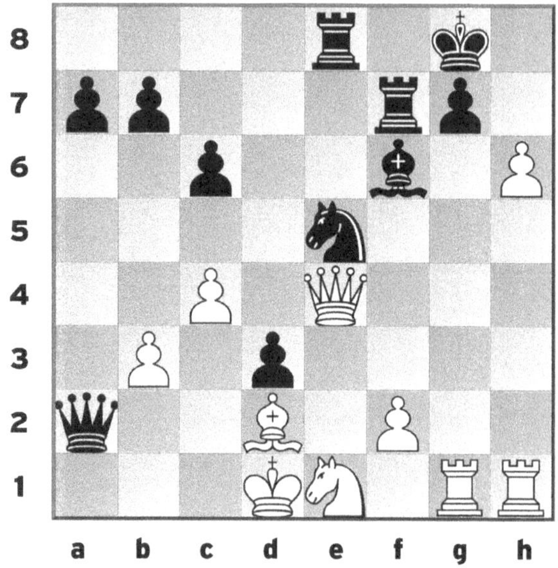

Geplatzter Honigtraum

Pu der Bär wusste, dass „Honigessen etwas sehr Gutes ist". Es gebe aber „einen Augenblick, kurz bevor man anfängt den Honig zu essen, der noch besser ist als das Essen". Glücksgefühle, wie das im besagten Kinderbuch beschriebene, sind im Jahr 2008 endlich auch wissenschaftlich erklärt worden. Bei Vorfreude produziert der Körper verstärkt Endorphine, also körpereigene Glückshormone, haben kalifornische Wissenschaftler herausgefunden. Außerdem sinke zur gleichen Zeit die Anzahl der Stresshormone.

Auch Schachspieler, egal welcher Stärke, kennen den magischen Moment, der im Grunde noch besser ist als das Gewinnen: Kurz bevor der Gegner einem die Hand zur Kapitulation hinüberreicht, tanzen die Hormone. Und vielleicht klopft angesichts des greifbaren Sieges das Herz, als habe man sich frisch verliebt.

Blöd nur, wenn man bei lauter Vorfreude mal etwas übersehen hat. Wie soeben Peter Leko im Grand-Prix in Russland. Sehen Sie, womit Etienne Bacrot, oben mit Weiß, Leko aus den Honigträumen riss?

Lösung: 1.Dh7+! (Diesen Schockzug hatte der Franzose Bacrot schon länger im Sinn. Leko gab auf, denn das herrliche Damenopfer führt in allen Varianten schnell zum Ziel, z.B. 1...Kxh7 2.hxg7+ Kg8 3.Th8 matt; oder 1...Kf8 2.Lb4+! Tfe7 3.hxg7+ Lxg7 4.Dxg7 matt, bzw. 3...Kf7 4.g8D matt.) **1:0.**

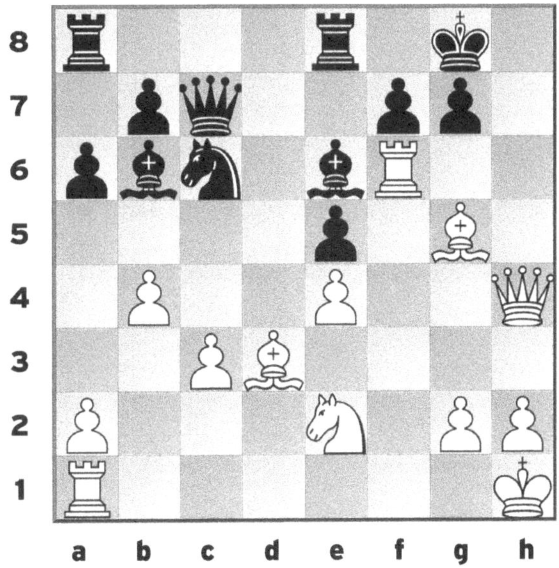

Romantik in Marienbad

Jana Jackova hat in Marienbad mit nur wenigen Handbewegungen Kenner aus aller Welt verzückt. Die junge Tschechin habe so wild und schöpferisch angegriffen wie zu romantischen Zeiten, hieß es. Manche fühlten sich gar an Michail Tal erinnert. Der Jubel war verständlich, zumal das Opfer des Sensationssieges Anatoli Karpow hieß. Diesen hatte selbst der Schachzauberer Michail Tal nie in einer Turnierpartie besiegen können. „Anatolis Verteidigungskunst hat mich immer erstaunt", sagte Tal einmal. Doch gegen Jackova nützte Karpow alle Kunst nichts. Gewiss, er ist inzwischen 57 Jahre alt und spielt nur noch selten ernsthaft Schach. Andererseits hat der zwölfte Weltmeister kaum etwas von seiner beispiellosen Intuition eingebüßt. So dürfte er oben schon gespürt haben, dass sein König nicht mehr zu retten war.

Zunächst aber musste Jackova, mit Weiß spielend, ihrem Angriff den letzten Dreh geben. Sehen Sie, auf welche Weise sie versuchte, ihre noch untätigen Leichtfiguren einzubinden?

Lösung: 1.Sf4! (Dies droht vor allem 2.Sd5!) **1...Se7** (Oder 1...exf4 2.e5! und gewinnt, z. B. 3...Dxe5 4.Dh7+ Kf8 5.Txe6! fxe6 6.Dh8+ Kf7 7.Dh5+ Kf8 8.Lg6.) **2.Sd5 Dd7** (Oder 2...Dd6 3.Th6! und 4.Sf6+.) **3.Th6! Sg6** (Und zugleich aufgegeben, denn 4.Sf6+ gxf6 5.Lxf6 führte schnell zum Matt auf h8.) **1:0.**

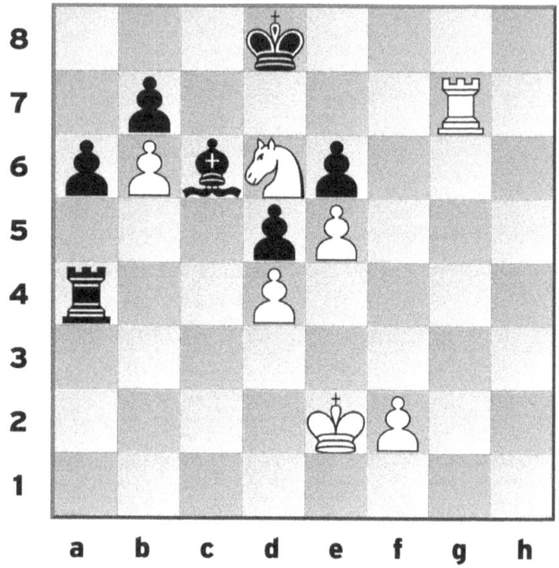

Neuer Vater

Jetzt ahnt man, wieso Marie-Laure Germon im Oktober lieber in Paris blieb, statt in Bonn vorbeizuschauen, wo ihr Mann, Wladimir Kramnik, um den WM-Titel kämpfte. Sie war schwanger und hat nun, kurz vor dem Jahreswechsel, ein Mädchen geboren! Kramnik sagt, er wolle sich in den nächsten Monaten erst einmal in seine Vaterrolle einfühlen. Sportlich war das Jahr 2008 das schlechteste seiner Karriere; von 50 Turnierpartien gewann er nur sieben, acht verlor er. Diese Minusbilanz ließ den Weltmeister der Jahre 2000 bis 2007 auf Rang acht der Welt abrutschen. Halb so schlimm, wird der neue Vater wohl denken.

Kennengelernt haben sich die französische Journalistin und der Russe, als sie ihn für die Zeitung *Le Figaro* interviewte. Während der finalen WM-Partie in Brissago 2004 saß Germon dann erstmals in der ersten Zuschauerreihe. Kramnik, oben mit Weiß, brauchte gegen Peter Leko unbedingt einen Sieg. Sehen Sie, mit welchem Motiv er tatsächlich gewann, seinen WM-Titel verteidigte und Germon zu Tränen rührte?

Lösung: 1.f4! (Das Gewinnmotiv: f4-f5!) **1...Ta2+** (Oder 1...Txd4 2.f5! exf5 3.e6 mit der Mattdrohung 4.e7-e8.) **2.Kf3** (Ab hier gab es verschiedene Gewinnwege, Kramniks ist besonders reizvoll.) **2...Ta3+ 3.Kg4 Td3 4.f5! Txd4+ 5.Kg5 exf5 6.Kf6! Tg4 7.Tc7 Th4 8.Sf7+ 1:0** (wegen 8...Ke8 9.Tc8+ Kd7 10.Td8 matt).

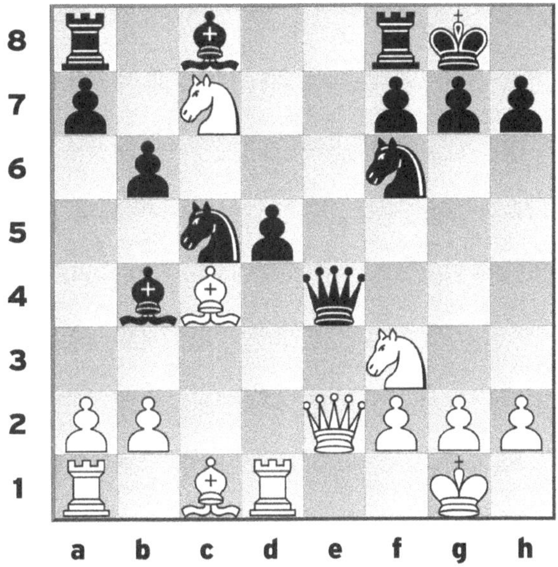

Iwantschuks Flucht

Paradox, dass ausgerechnet Wassili Iwantschuk, diesem stets fairen Genius, eine Sperre drohte. Er hatte nach einer bitteren Niederlage bei der Schacholympiade fluchtartig den Saal verlassen und dabei einen hinterhereilenden Dopingkontrolleur missachtet. Tja, Urinprobe verweigert, folgerte der Kontrolleur.

Es wäre durchaus sinnvoll, im Schach nach Mitteln zu suchen, die konzentrationsfördernd wirken, etwa Ritalin oder Betablocker. Dopingtests sind aber widersinnig, solange der Weltverband keine bindenden Maßnahmen gegen viel größere Gefahren der Manipulation formuliert, vor allem gegen die drahtlose Übermittlung von Computerzügen. Weltmeister Vishy Anand hat es auf den Punkt gebracht: „Wenn es beim Radfahren ein kleines Stück Metall gäbe, das deine Leistung um das Zwanzigfache steigert, dann würden sie auch nicht mehr auf Doping kontrollieren."

Nun ist Iwantschuk nach einer Anhörung in Wijk aan Zee freigesprochen worden. Er wird also auch künftig Prachtzüge zeigen dürfen wie oben mit Weiß gegen Anand in Leon 2008.

Lösung: 1.Td4! (Viel kräftiger als das harmlose 1.Dxe4? Sxe4! 2.Sxa8 dxc4.) **1...Dg6** (Falls 1...Dxe2 2.Lxe2, gewänne Weiß entscheidendes Material, und zwar wegen des Doppelangriffs auf b4 und a8. Das Gleiche gilt für 1...Df5 2.Lb5!) **2.Sh4** (Anand gab angesichts 2...Dh5 3.Dxh5 Sxh5 4.Lxd5 auf.) **1:0.**

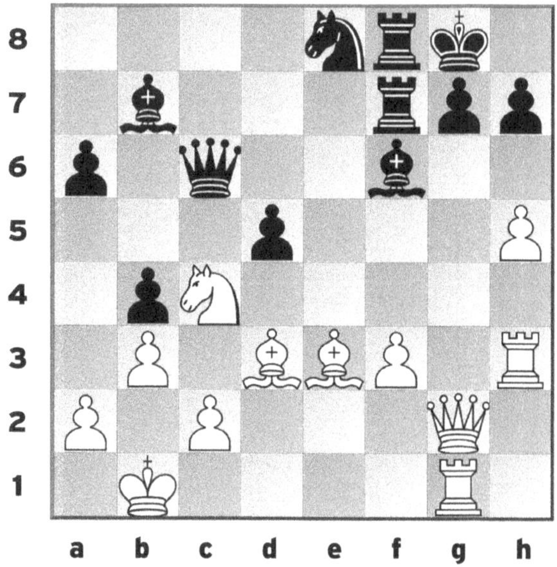

Rollentausch der Jungstars

Obwohl keiner so jung Großmeister geworden ist wie Sergej Karjakin – mit exakt zwölf Jahren und sieben Monaten –, steht der inzwischen 19-jährige Ukrainer oft im Schatten von Magnus Carlsen, des anderen Wunderkinds dieser Generation. Einerseits verständlich, weil der ein Jahr jüngere Norweger am Brett etwas farbiger und auch etwas erfolgreicher spielt. Carlsen trennt bloß noch eine kurze Rochade von Platz eins der Weltrangliste, hingegen steht Karjakin „nur" auf Rang 26. Doch im Grunde unterscheidet sie allenfalls die Tagesform und ein paar Nuancen. Ein gelegentlicher Rollentausch wie beim Turnier in Wijk aan Zee/Niederlande, das Karjakin gewann, ist überall möglich. Während Carlsen anfangs trotz Kampfeswillen neun Remisen in Folge produzierte, gelangen Karjakin ein paar hübsche Siege. Beispielsweise beeindruckte er gegen Sergej Movsesjan mit glänzender Endspieltechnik.

Und wie gefährlich er anzugreifen versteht, bekam zuvor Alexander Morosewitsch zu spüren: Was zog Karjakin oben mit Weiß?

Lösung: 1.h6! (Als Morosewitsch die Kraft dieses Zuges durchschaut hatte, gab er auf. Weiß droht mit der Öffnung der h-Linie, z. B. 1...dxc4 2.Lxh7+! nebst 3.hxg7+ und gewinnt. Die feine Pointe zeigt sich nach 1...g6 2.Lxg6! hxg6 3.Dxg6+ Kh8, nämlich 4.Dg7+! Txg7 5.hxg7+ Kg8 6.Th8+ Kf7 7.gxf8D+.)
1:0.

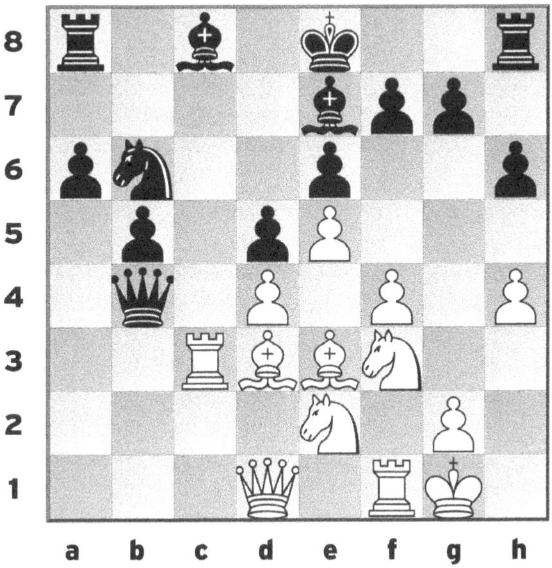

Einer blind und allein gegen acht

János Flesch spielte 1960 in Budapest gegen 52 Gegner blindsimultan, also gleichzeitig, ohne auf die Bretter zu gucken. Und er gewann 40:12. Fabelhaft. Etwas ebenso Unbegreifliches, ja vielleicht noch Bedeutenderes hatte Harry Nelson Pillsbury 1902 in Hannover vollbracht, obwohl das amerikanische Schachgenie damals „nur" gegen 21 Gegner blindsimultan spielte und weniger Partien gewann (3) als verlor (7). Doch im Gegensatz zu Flesch, der spielschwache Gegner bekam, hatte es Pillsbury mit Könnern aufgenommen (Kagan, Bernstein, Carls u. a.). Vier Jahre später starb er. Mit nur 33. Das viele Blindspielen, hieß es, sei Pillsbury zum Verhängnis geworden. In Wirklichkeit war es Syphilis.

Trotzdem galt Blindsimultan mancherorts als ungesund, in der UdSSR war es sogar eine Zeit lang verboten. Ruslan Ponomarjow, Fide-Weltmeister von 2002, kamen aber keine Bedenken, als er vorige Woche in Spanien blindsimultan spielte: Er schlug acht Amateure mit 8:0. Oben entdeckte „Pono" mit Weiß einen schnellen Gewinnweg. Welchen?

Lösung: 1.Ld2! (Schwarz, ein materiell ohnehin im Nachteil befindlicher Señor Erostarbe, kann seine Dame nicht mehr retten. Es droht 2.Txc8+.) **1...Da4** (Oder 1...Sc4 2.Txc4.) **2.Lc2 Da2 3.Lb3 Db2** (Oder 3...Da5 4.Txc8+ bzw. 3...Da3 4.Lxd5 und gewinnt.) **4.Tc2! Da3** (Falls 4...Dxb3, so 5.Txc8+.) **5.Ta2 1:0.**

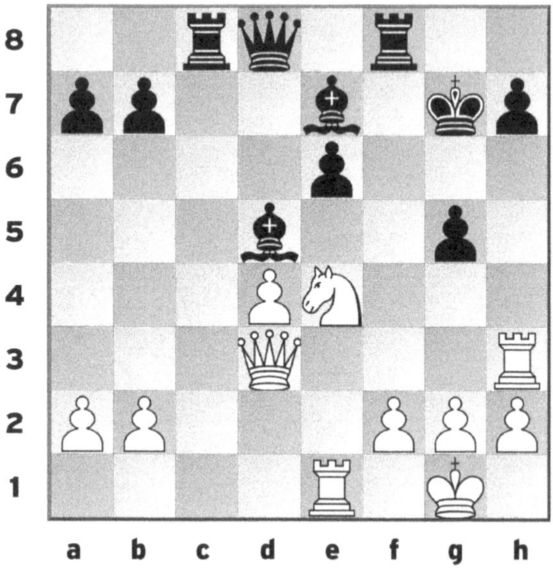

Arik Braun wirbelt

Berufsspieler will Arik Braun nach wie vor nicht werden. „Im Mai will ich auf jeden Fall studieren", sagt er, „ich weiß aber noch nicht, was." Zielstrebiger plant der 21-jährige Schwabe am Brett, kaum ein anderer deutscher Spieler wirbelt derzeit so geschickt und beherzt mit den Holzfiguren. Naturtalent, Jugendweltmeister, Großmeister – Brauns Karriere verlief bislang steil wie ein kräftiger Zug mit dem Turm. Nun hat er in Saarbrücken, überraschenderweise, auch die deutsche Einzelmeisterschaft gewonnen. „Mein großes Ziel ist eine Elozahl über 2.600." Dann wäre er fast in den Top 100, auch das wird er wohl irgendwann schaffen. Bei alledem ist Braun kein ehrgeiziger Sonderling, sondern ein ganz normaler Abiturient (Notenschnitt 2,1) mit altersüblichen Vorlieben wie Chatten, Fußball und Party.

Von seinen Partien in Saarbrücken gefiel ihm jene gegen Großmeister Rainer Buhmann am besten: Oben hatte Braun als Weißer schon wieder reichlich herumgewirbelt vor des Gegners König. Und wie erledigte er den Rest?

Lösung: 1.Txh7+! Kxh7 (Oder 1...Kg8 2.Sxg5 und gewinnt, z. B. 2...De8 3.Th8+! bzw. 2...Tf5 3.Th8+! Kxh8 4.Dh3+ Kg7 5.Dh7+ Kf6 6.Dh6 matt.) **2.Sxg5+ Kh6** (Oder 2...Kg7 3.Dh7+ Kf6 4.Dh6+ Kf5 5.Te5+ nebst matt.) **3.Dh7+ Kxg5 4.Dg7+ Kh5 5.g4+ Kh4 6.Dh6+ Kxg4 7.h3+! Kf5 8.Te5 matt.**

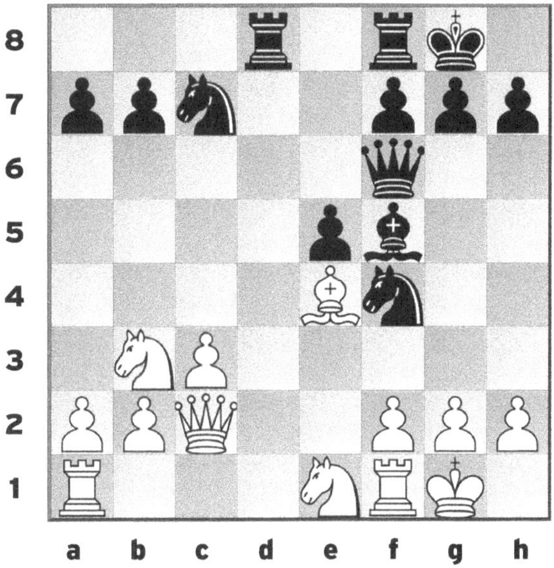

Skandinavisch jugendgefährdend?

Zentrumsbauern nach vorn, Springer und Läufer entwickeln, König in Sicherheit – diese goldenen Regeln kann man jedem Kind als Partiebeginn empfehlen. Dazu noch: Ziehe anfangs möglichst mit keiner Figur zweimal! Und nicht so früh mit der Dame raus! Vor diesem Hintergrund wirkt die skandinavische Verteidigung (1.e4 d5 2.exd5 Dxd5) jedoch beinahe jugendgefährdend; die Dame kommt ja scheinbar viel zu früh ins Spiel, und im nächsten Zug (nach dem „Tritt“ 3.Sc3) muss sie gleich noch einmal ziehen. Europameister Sergei Tiviakov glaubt aber, der Ruf der skandinavischen Verteidigung sei „viel schlechter als die Stellungen, die mit ihr erreicht werden können“. Tiviakov kann seine These auch mit einer sagenhaften Bilanz belegen: In den vergangenen Jahren hat er über 60-mal Skandinavisch gespielt und damit fast 70 Prozent der möglichen Punkte erzielt. Bei seinem Turniersieg im Pfalz-Open in Neustadt a. d. Weinstraße gewann er allein dreimal mit Skandinavisch, auch oben als Schwarzer. Wie?

Lösung: 1...Sh3+! (Danach gab Weiß, der junge Deutsche Florian Armbrust, sofort auf. Weder 2.Kh1 Lxe4 3.Dxe4 Sxf2+ noch 2.gxh3 könnte die weiße Stellung retten, auf letzteren Zug entschiede ein kleiner Sidestep der „skandinavischen“ Dame: 2...Dg6+! 3.Sg2 Lxe4.) **0:1.**

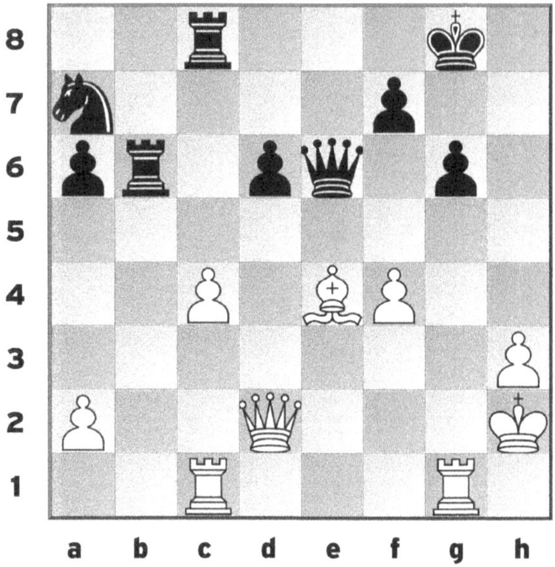

Ritual eines Rauchers

„Ich freue mich immer, wenn meine Türme verbunden sind", sagt Klaus Bischoff. Klar, denkt unsereiner, ist oft ein gutes Zeichen, wenn die Türme verbunden sind, also keine andere Figur mehr auf der Grundreihe dazwischensteht. In solchen Momenten freut sich Großmeister Bischoff allerdings nicht nur über einen gelungenen Abschluss der Eröffnungsphase oder eine harmonische Figurenentwicklung, er freut sich auch auf ein kleines Ritual. „Dann gehe ich immer meine erste Zigarette rauchen", sagt er. In den Turniersälen darf ja schon lange nicht mehr geraucht werden, einer wie Bischoff muss dazu vor die Tür, und zwar überall. Im Januar hat er in Neuseeland gespielt, im Februar in Saarbrücken, danach Bundesliga in Bad Wiessee – und tatsächlich gab es nur in wenigen seiner Partien überhaupt keine Turmverbindung. Ob er in diesen Ausnahmefällen wirklich stundenlang ohne den blauen Dunst ausgekommen ist?

Wie auch immer, oben standen Bischoffs Türme längst raucherfreundlich. Und was zog er mit Weiß?

Lösung: 1.Txg6+! (Danach hatte Schwarz, der Berliner Ulf von Herman, verständlicherweise keine Lust mehr, diese anlässlich der deutschen Einzelmeisterschaft in Saarbrücken gespielte Partie fortzusetzen. Auf 1...fxg6 würde natürlich 2.Ld5 folgen, mit Damengewinn.) **1:0.**

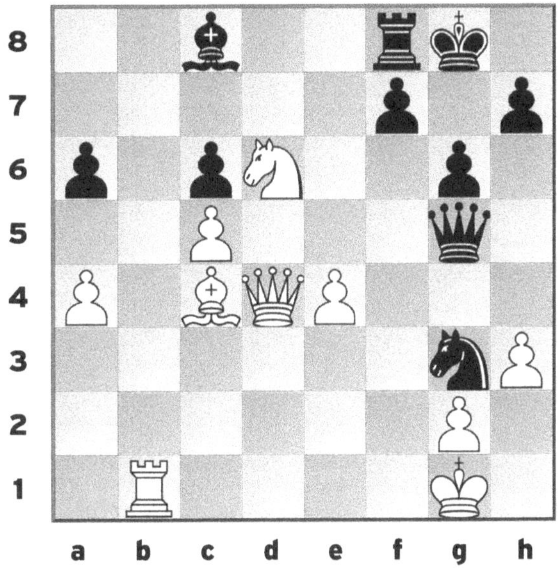

Blinde Ästhetik

Mit geübtem Auge ahnt man, dass die weißen Figuren von Meisterhand zur Diagrammstellung gelenkt worden sein könnten. Dame und Läufer zentralisiert, den Springer aufs Feld d6 gebohrt: wirkt alles hübsch harmonisch. Tatsächlich führte kein Geringerer als Weltmeister Vishy Anand die weißen Figuren – allerdings ohne sie zu sehen. Es handelte sich nämlich um eine Blindpartie beim derzeit in Nizza stattfindenden Melody-Amber-Turnier, dem kombinierten Blind- und Schnellschachspektakel des niederländischen Milliardärs Joop van Oosterom. Während der Blindpartien sitzt in Nizza jeder Spieler vor einem Laptop und schaut auf ein leeres Schachbrett. Ohne Figuren. Und wenn mit der Maus ein Zug geklickt worden ist, erscheint das Ausgangs- und Zielfeld dieser Figur auf dem Monitor des Gegners.

Erstaunlich, was die Besten auch „blind" vor ihrem geistigen Auge sehen: Oben konnte Anand mit Weiß (gegen Peter Leko) im Grunde zwischen drei starken Zügen wählen – er entschied sich für den ästhetisch reizvollsten.

Lösung: 1.Lxf7+! (Damit hat Anand ein viel eleganteres Motiv im Sinn als die vergleichsweise profanen Gewinnwege 1.Sxc8 Txc8 2.Lxf7+ bzw. 1.Sxf7 Txf7 2.Df2.) **1...Txf7 2.Dh8+!** (Dieses Hinlenkungsopfer gewinnt entscheidendes Material: 2...Kxh8 3.Sxf7+ Kg7 4.Sxg5. Leko gab auf.) **1:0.**

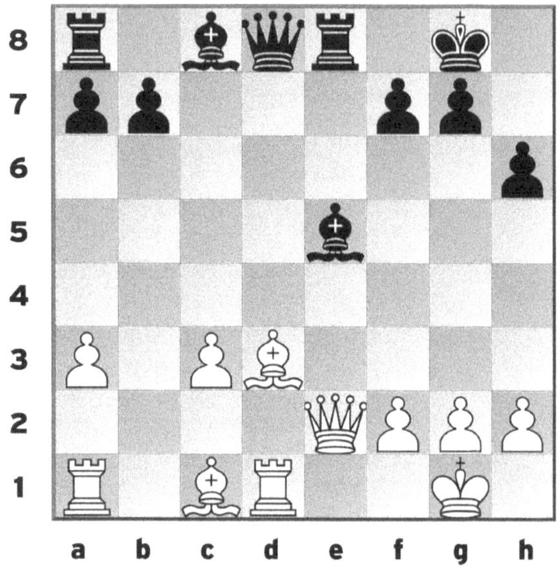

Andere Lebenspläne

Beide galten schon im Kindesalter als Ausnahmetalente. Irgendwann dürfte dann jeder für sich entschieden haben, ob er in der Parallelwelt des Schachs verweilen oder vielleicht einmal ganz anders leben möchte. Der eine, Arkadij Naiditsch aus Dortmund, brach als Elftklässler die Schule ab, um nur noch Schach zu spielen. Das war im Jahr 2003. Der andere, Baadur Jobava, bereitete sich damals gerade an der Universität in Tiflis auf seinen Abschluss vor. Großmeister planen eben auch abseits des Brettes unterschiedlich. Naiditsch, mittlerweile 24, und Jobava, 26, sind schon seit einigen Jahren Profis. Doch Letzterer wird es vermutlich nicht für immer bleiben. „Ich will politischer Journalist werden", sagt Jobava. Bei der Europameisterschaft in Budva/Montenegro haben sie sich nun den ersten Platz geteilt, gemeinsam mit neun anderen Spielern. Während Naiditsch im anschließenden Stechen frühzeitig ausschied, gewann Jobava Bronze.

Im direkten Vergleich hatte aber Naiditsch, oben mit Weiß, gepunktet. Wie?

Lösung: 1.Lb5! (Stärker als 1.Lh7+? Kxh7 2.Dc2+ g6 3.Txd8 Txd8 - und Schwarz lebt.) **1...Lxh2+** (Oder 1...De7 2.Lxe8 Lxh2+ 3.Kf1 usw.) **2.Kf1! De7** (Nicht 2...Txe2? 3.Txd8+.) **3.Lxe8 Dxe2+ 4.Kxe2 Lg4+ 5.f3** (Jobava gab auf, angesichts 5...Txe8+ 6.Kf2 mit großen Verlusten, z.B. 6...Le6 7.g3 und bald Kf2-g2.) **1:0.**

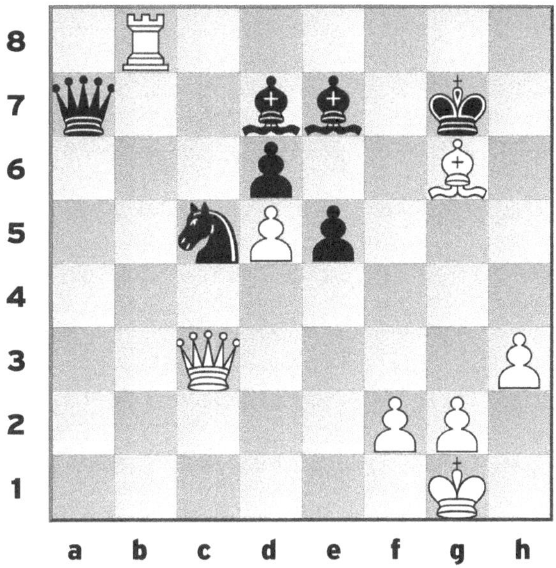

Humpy und Hou

Lässt man die unerreichte Judit Polgar, 32, einmal außer Acht – weil sie derzeit nur selten ernsthaft Schach spielt, allenfalls zum Spaß mit ihren beiden kleinen Kindern daheim in Budapest –, so ist Koneru Humpy, 22, die Stärkste von allen momentan aktiven Frauen. Zumindest den jüngsten Wertungszahlen zufolge. Gleich hinter der Inderin kommt die 15-jährige Hou Yifan aus China. Klar, dass Humpy und Hou, diese bescheiden wirkenden Großmeisterinnen, in Zukunft das Frauenschach dominieren werden. Von den Konkurrentinnen offenbaren nur wenige ein ähnlich tiefes Positionsverständnis in ihren Partien. Zuletzt hat meist Hou gewonnen, wenn sie Humpy in Turnieren gegenübersaß; etwa bei der WM 2008 und auch neulich in Istanbul. Am Ende erkämpfte Humpy sich dort trotzdem noch den Grand-Prix-Sieg. Hinterher gab sie zu: „Als ich gegen Hou Yifan verloren hatte, verlor ich auch alle Hoffungen auf den Titel."

Oben der Moment, in dem Hou, als Weiße, Humpy mit einem feinen Manöver überraschte. Na?

Lösung: 1.Df3! (Nach diesem stillen Zug ist die Drohung 2.Df7+ nicht mehr sinnvoll zu parieren.) **1...Dxb8** (Auch nach 1...Kxg6 2.Tg8+ gefolgt von 3.Dg3 wäre es rasch matt geworden.) **2.Df7+ Kh6 3.Dh7+ Kg5 4.h4+! Kf4 5.Dh6+** (Humpy gab auf, wegen 5...Kg4 6.Dh5+ Kf4 7.Df3 matt.) **1:0.**

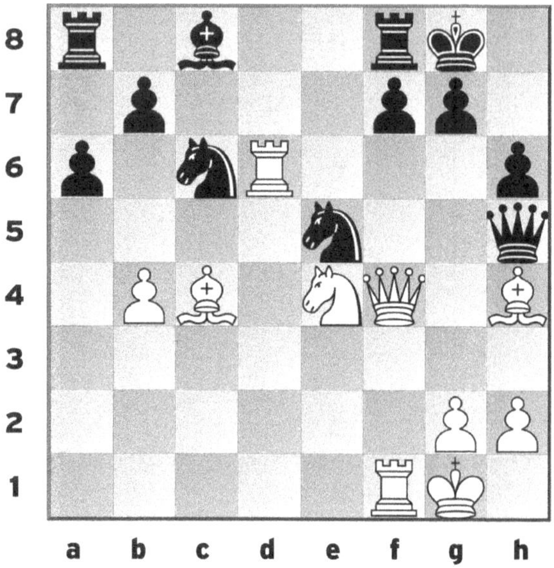

Die b2-Frage

Sein oder Nichtsein, fragte Hamlet. To be or not to be, das Originalwort, wird unter Schachgrößen seit über 50 Jahren in einer eigentümlichen Umkehrung diskutiert: Be two or not be two? Gemeint ist, ob Schwarz in der berühmten Najdorf-Variante einen auf dem Feld b2 (be two!) zum Fraß gebotenen Bauern schlagen sollte oder lieber nicht (nach den Zügen 1.e4 c5 2.Sf3 d6 3.d4 cxd4 4.Sxd4 Sf6 5.Sc3 a6 6.Lg5 e6 7.f4 Db6 8.Dd2). Wie in Shakespeares Drama geht es auch in der Najdorf-Variante um Existenzielles. Kann Weiß wirklich auf den Bauern b2 verzichten? Darf Schwarz das Opfer überhaupt annehmen? Selbst Bobby Fischer und Garry Kasparow zermarterten sich zu diesen schachphilosophischen Fragen das Hirn und präsentierten tiefe Analysen. Obwohl heute Computer mitrechnen, gibt es noch immer keine eindeutige Antwort zum Wert des Bauernopfers. Aber weiterhin viele spektakuläre Partien: Sehen Sie, womit Alexej Schirow, oben als Weißer, nun in Sotschi/Russland den Chinesen Wang Hao schockte?

Lösung: 1.Txh6! (Wang Hao gab auf. Entweder wäre seine Dame verloren gegangen, z. B. im Fall von 1...gxh6? 2.Sf6+ bzw. 1...Dxh6 2.Sf6+! Kh8 3.Lg5! Sg6 4.Dg3, oder er wäre nach 1...Dxh6 2.Sf6+! Dxf6 3.Lxf6 gxf6 4.Dxf6 in eine ebenso trostlose Lage geraten, z. B. 4...Sxc4 5.Dg5+ Kh8 6.Tf6 nebst matt.) **1:0.**

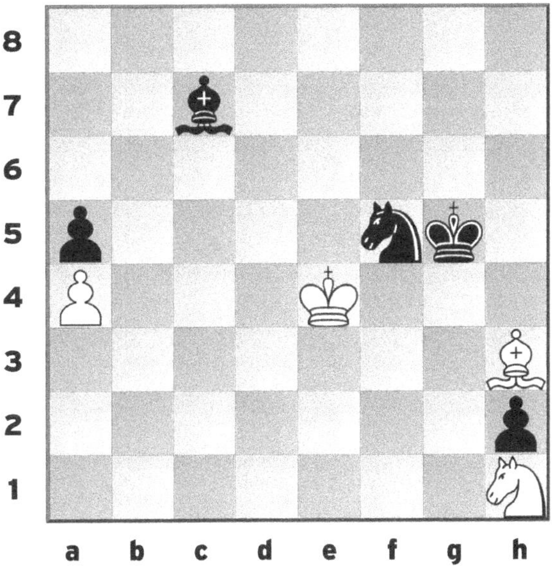

Auf leise Weise

Wer die Partien von Dimitri Jakowenko nachspielt, merkt bald, welcher Mann einst sein Vorbild war. Bei Jakowenko sicht man keine spekulativen Opfer oder sonstigen Schnickschnack. Dafür aber viele kleine, bodenständige Züge, mit denen der 25-jährige Russe selbst stärkste Gegner zusammenschiebt. Auf leise Weise hat er es nun schon mitten in die Top Ten geschafft. Übrigens war sein erstes Schachbuch, mit dem er sich als Kind die Wintertage in Westsibirien erhellte, eine Partiensammlung von Anatoli Karpow. Das hat geprägt. Jakowenko beweist auch immer wieder eine feine Endspielführung: Oben besaß er, als Schwarzer am Zug, nur scheinbar keine Möglichkeit, die Festung von Großmeister Jewgeni Alexejew zu durchbrechen und die Umwandlung des h-Bauern zu erzwingen.

Doch in Wirklichkeit fand Jakowenko einen verblüffenden Plan, der sein Team, Tomsk 400, zugleich einen großen Schritt vorankommen ließ auf dem Weg zum Gewinn der russischen Mannschaftsmeisterschaft in Sotschi. Wie brach Jakowenko durch?

Lösung: 1...Sg3+! 2.Sxg3 Kh4! (Nur so kann der König seinen h-Bauern unterstützen.) **3.Kf3** (Oder 3.Lg2 Kxg3 4.Lh1 Kf2 und Schwarz gewinnt, weil der König nach ...Kg1 und ...h1D erst den weißen Läufer erobert und anschließend auch den Bauern a4.) **3...Kxh3 4.Sh1 Lb6! 5.Sg3 Ld8! 6.Sh1 Lh4** (Zugzwang!) **0:1.**

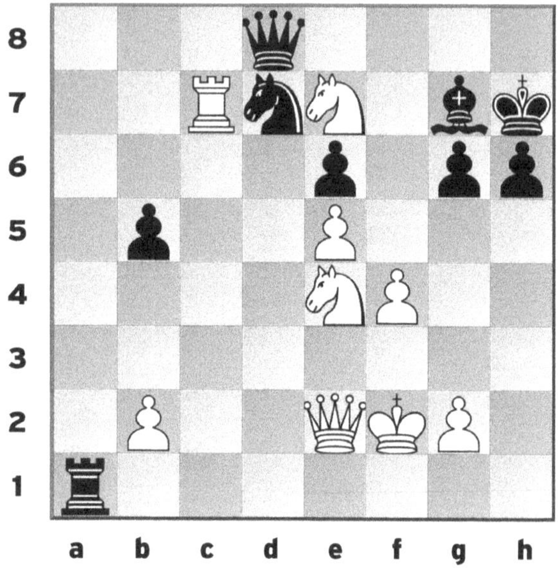

Verfummelt

Wer die ersten Züge des Topturniers in Sofia live im Internet verfolgen wollte, suchte vergebens. Waren die bulgarischen Veranstalter vielleicht dem Vorbild der Dortmunder Schachtage gefolgt? Die Partien aus Dortmund werden ja schon seit dem Turnier im Jahr 2007 nicht mehr live übertragen, sondern eine Viertelstunde zeitversetzt: als vorbeugende Maßnahme, um jegliche Hilfe von außen zu erschweren. In Sofia gab es aber nur aus Versehen keine Übertragung von der Auftaktrunde, was offenbar an Sofias Bürgermeister Bojko Borissow lag, der die Partie zwischen dem Norweger Magnus Carlsen und Bulgariens Volkshelden Wesselin Topalow symbolisch mit dem ersten Zug eröffnen sollte. Doch bevor der Bürgermeister, wie von Carlsen gewünscht, den d-Bauern vorsetzte, hatte er spaßeshalber mit anderen Figuren herumgefummelt – und damit das sensible Übertragungssystem für lange Zeit zum Absturz gebracht.

Der Rest der Welt erfuhr erst Stunden später, wie der junge Carlsen mit Weiß kombiniert hatte. Sehen Sie's?

Lösung: 1.Dd3! (Weltklasse! Carlsen lässt die bedrohten Figuren einfach stehen. Falls nun 1...Dxc7, gewinnt 2.Sg5+! hxg5 3.Dxg6+ Kh8 4.Dh5+.) **1...Dxe7 2.Txd7 Dh4+ 3.Kf3!** (Schwarz hat keine gute Verteidigung mehr gegen die Drohung Se4-f6+, z. B. 3...Kh8 4.Txg7! Kxg7 5.Sf6! Ta7 6.Dd8!) **3...Dh5+ 4.Kg3! 1:0.**

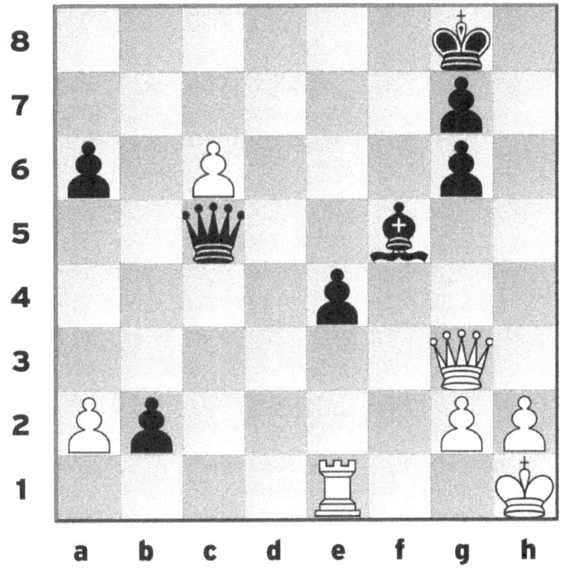

Boris-Becker-Angriff? Nein, danke!

Eröffnungen sind nach ihren Erfindern benannt oder nach deren Herkunftsländern. Oder nach dem Ort ihrer Uraufführung. Schachspieler nennen sie ehrfurchtsvoll Rubinstein-System, russische Verteidigung, Meraner Variante usw. Manche Eröffnung hat aber keinen offiziellen Namen, etwa 1.e4 e5 2.Dh5. Das ist auch gut so. Wer trotzdem derart überstürzt mit der Dame rauskommt, darf sich nicht wundern, wenn sie dort ein bisschen friert. Im Jahr 2000 versuchte es Boris Becker mit diesem plumpen Damenzug, in einer Simultanpartie gegen Garry Kasparow! Serve-and-Volley am Brett. Nachdem Kasparow den Tennisstar erledigt hatte, schlug er spottend vor, die Eröffnung fortan „Boris-Becker-Angriff" zu nennen.

Tja, ein Großmeister würde nie so spielen, dachte man. Falsch. 2005 machte Hikaru Nakamura von sich reden, indem er wiederholt den „Boris-Becker-Angriff" wählte. Bald besann er sich aber wieder. Und nun hat Nakamura, solide eröffnend, die hochdotierte US-Meisterschaft in St. Louis gewonnen. Wie vollendete er mit Schwarz?

Lösung: 1...Dc1! (Plant 2...b1D.) **2.Db3+** (Oder 2.Db8+ Kh7 3.Tg1 e3 und gewinnt, bzw. 2.c7 b1D 3.c8D+ Lxc8.) **2...Kh7 3.Dd1 Dxd1** (Es ging auch 3...Dxc6.) **4.Txd1 e3 5.c7** (Oder 5.Kg1 b1D 6.Txb1 Lxb1 7.c7 Lf5.) **5...e2!** (Und Weiß, Michael Brooks, kapitulierte angesichts 6...b1D.) **0:1.**

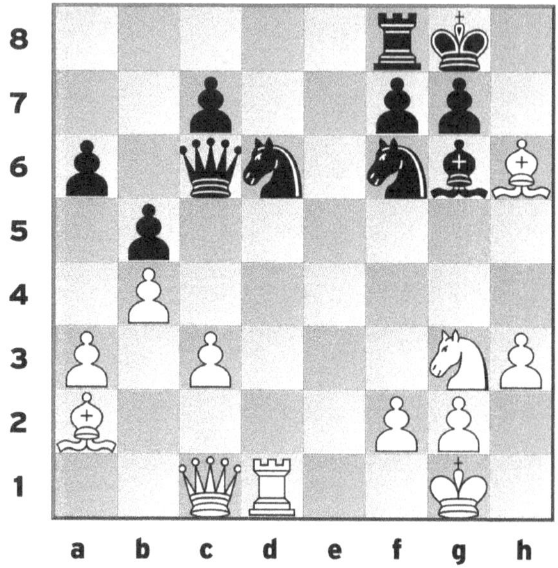

Ein Großmeister als Romanautor

Schach ist dem Briten Stuart Conquest nicht genug. Er will irgendwann einen Roman schreiben, in dem Schach überhaupt keine Rolle spielt. „Ich habe schon ein paar Anläufe genommen, eine Menge Notizen gemacht, es dann aber immer wieder aufgegeben", sagt Conquest und lacht, „ich muss besser werden." Zutrauen kann man dem langhaarigen Großmeister einiges. Er hat Stil und sicher auch Stoff zum Erzählen, zumal er mehrere Sprachen beherrscht und viel herumgekommen ist in seinen 20 Profijahren. Zuletzt gewann er das stark besetzte Open auf Sardinien. Und demnächst fliegt er nach Kalifornien. „Ich werde ein paar Kids in Berkeley trainieren", sagt er.

Ob er Ende Juli versuchen wird, seinen Titel als britischer Meister zu verteidigen, wisse er noch nicht. Mit 14 war er U16-Weltmeister. Jetzt ist er 42. Vielleicht schafft er es ja noch mal unter die Top 100, bevor sich die Leistungskurve neigt. Dann wäre Zeit für den Roman.

Wie bezwang Conquest, oben mit Weiß, auf Sardinien Großmeister Yannick Pelletier?

Lösung: 1.Dg5! (Schwarz gab auf. Keineswegs zu früh. Denn Weiß droht - dem Läufer a2 sei Dank - Dg5xg6! Auf 1...Sc4 entscheidet 2.Lxg7 Kxg7 3.Sf5+ Kg8 4.Se7+. Falls aber 1...Kh7, gewinnt hübsch 2.Lxg7! Kxg7 3.Txd6!, und dann entweder 3...Dxd6 4.Sf5+ oder 3...cxd6 4.Sf5+ Kh7 5.Dh6+ und matt.) **1:0.**

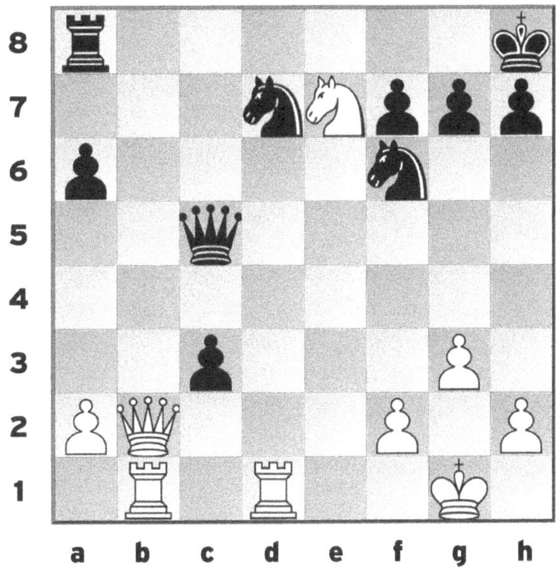

Fiese Tipps vom Kirchenmann

Das Wort Fairplay gab es im 16. Jahrhundert nicht. Auch Tugenden, die man heute mit Fairplay verbindet, waren vielen noch fremd. Sogar einem Kirchenmann wie Ruy Lopez de Segura. Als der spanische Geistliche im Jahr 1561 sein *Buch von der Erfindungsgabe und Spielkunst im Schach* herausbrachte, fanden sich darin neben schachtechnischen Untersuchungen, etwa über die später nach ihm benannte „Spanische Partie", auch ein paar fiese Erfolgstipps. Ruy Lopez empfahl beispielsweise, möglichst dann zu spielen, wenn der Gegner gerade eine üppige Mahlzeit zu sich genommen habe und deshalb noch schläfrig sei. Außerdem solle man „einen klaren und sonnigen Tag" wählen und das Brett dann so aufstellen, „dass dem Gegner das Sonnenlicht ins Gesicht fällt, um ihn zu blenden".

Zu Ehren dieses Herrn Ruy Lopez fand nun in dessen Geburtsort Zafra ein Turnier statt. Die außer Form befindliche Inderin Koneru Humpy wurde Letzte. Doch sie bezwang, oben mit Weiß spielend, Manuel Perez Candelario auf stilvolle Weise.

Lösung: 1.Db8+! Sg8 (Dies lässt ein hübsches Ende zu. Andere Züge scheiterten profan an der Grundreihenschwäche, z. B. 1...Sxb8 2.Td8+ oder 1...Txb8 2.Txb8+ Sxb8 3.Td8+.) **2.Dxa8 Dxe7** (Oder 2...Sdf6 3.Sxg8.) **3.Txd7!** (Schwarz gab auf, wegen 3...Dxd7 4.Dxg8+! Kxg8 5.Tb8+ und Matt.) **1:0.**

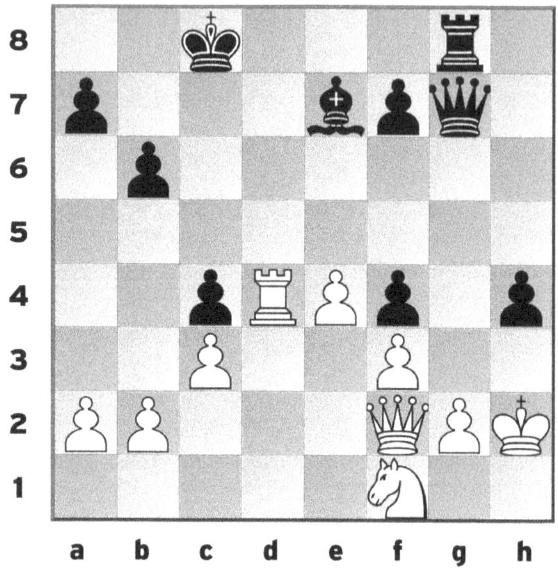

Giannis Erben

Man merkt nichts mehr davon, aber Italien war einmal die führende Schachnation der Welt. Als Giovanni Leonardo da Cutri 1575 den Spanier Ruy Lopez in einem Wettkampf besiegte, begann die italienische Vorherrschaft auf den 64 Feldern. Dank Leonardo, Giocchino Greco und anderer Schachkünstler reichte die große Zeit der Italiener noch bis ins 17. Jahrhundert. Ihre schachlichen Erben brachten dann seltsamerweise kaum noch etwas Außergewöhnliches aufs Brett. Heute ist die kleine Anzahl italienischer Großmeister (6) durchaus ein Hinweis auf die insgesamt bescheidene Bedeutung des Schachs in Italien. Natürlich können sie sich zahlenmäßig nicht mit den Russen (190 Großmeister) vergleichen, aber auch gegenüber Nationen wie Frankreich (36) und Spanien (33) schneiden die Italiener mager ab.

Immerhin, bald werden sie mit Daniele Vocaturo einen siebten Großmeister hinzubekommen. Sehen Sie, wie der 19-jährige Vocaturo mit Schwarz (auf Sardinien gegen Duilio Collutiis) entscheidenden Materialgewinn erzwang?

Lösung: 1...Dg3+! (Viel klarer als 1...Lc5?! 2.Txc4 Kb7 3.Txc5.) **2.Dxg3** (Erzwingt wenigstens Präzision. Chancenlos wären 2.Sxg3 hxg3+ bzw. 2.Kg1 Dxf2+ 3.Kxf2 Lc5 ggf. nebst ...Td8.) **2...hxg3+ 3.Kh3** (Oder 3.Kh1 Th8+ 4.Kg1 Lc5.) **3...f5!** (Die Pointe. Falls 4.Txc4+ Kb7 5.exf5, so 5...Th8+ 6.Kg4 Th4 matt.) **0:1.**

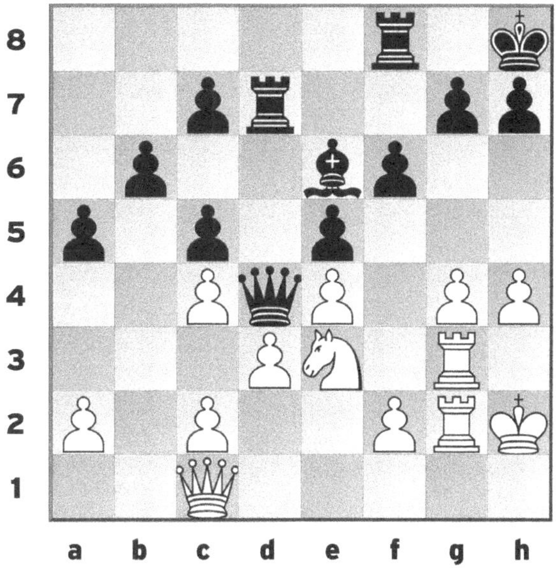

Karpow spielt wieder

Anatoli Karpow, der zwölfte Weltmeister der Schachgeschichte, ist inzwischen eher ein Schach-Botschafter als ein Spieler. Er reist herum, hält Vorträge, eröffnet Weltmeisterschaften mit dem symbolischen ersten Zug, und er schlüpft sogar mal in die Rolle des Trainers. Zum Beispiel leitete er vor der Schacholympiade in Dresden 2008 einen Workshop mit dem deutschen Team. Hin und wieder kommentiert der 57 Jahre alte Russe auch irgendwo und gibt Ratschläge. So empfiehlt er jedem, der Schach richtig lernen möchte, das bahnbrechende Werk *Mein System* von Aaron Nimzowitsch. Dieses 1925 erschienene Buch sei immer noch eine Pflichtlektüre.

In diesen Tagen spielt Karpow ausnahmsweise auch mal wieder ernsthaft. In San Sebastian, genau an jener Stätte, wo schon im Jahr 1911 ein legendäres Turnier stattfand, das José Raoul Capablanca gewann, der spätere dritte Weltmeister. Und auch der besagte Lette Aaron Nimzowitsch saß in San Sebastian 1911 am Brett. Sehen Sie, was er damals mit Weiß Paul Saladin Leonhardt vorsetzte?

Lösung: 1.Sd5! (Schwarz wird große Materialverluste erleiden, denn seine Dame ist mitten auf dem Brett gefangen.) **1...Txd5** (Oder 1...Lxd5 2.c3!) **2.c3! Dxd3 3.exd5** (Danach verbleibt Weiß mit einem satten Mehrturm.) **3...Dxc4 4.dxe6 Dxe6 5.Dc2 c4 6.Df5 Dxf5 7.gxf5 1:0.**

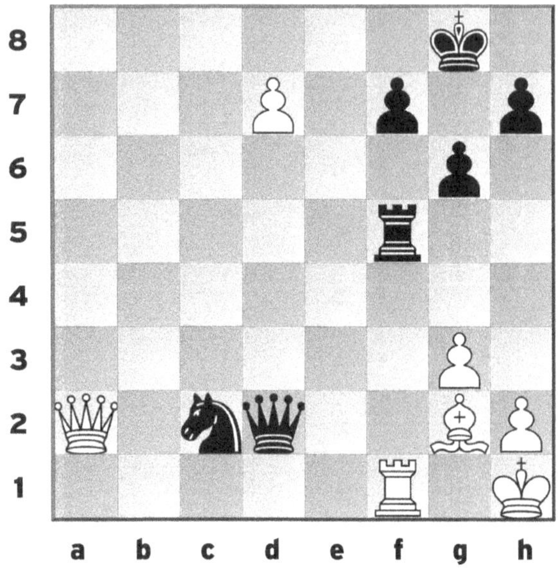

Subas Läufer

Mihai Suba, 62, war bei der Senioren-WM 2008 in Bad Zwischenahn irrtümlich nur der zweite Platz zugesprochen worden (hinter dem Amerikaner Larry Kaufman). Nachträglich haben sie Suba dann doch noch zum geteilten Sieger ernannt. Ein verdienter Ehrentitel für einen Großmeister, der unter Jüngeren kaum bekannt ist. Als der Rumäne 1988, im Anschluss an ein Turnier in London, nicht in seine Heimat zurückkehrte, hatte er seine erfolgreichste Zeit gerade hinter sich. Suba war nie an der Weltspitze, aber knapp dahinter. Kenner schätzen seine tiefgründigen Ideen, zum Beispiel prägte er das kluge Wort: „Schlechte Läufer schützen gute Bauern." Die allgemeine Panik vor einem „schlechten Läufer" war ihm nämlich viel zu dogmatisch. Klar, manche Läufer sind schrecklich passiv, von eigenen Bauern gehemmt. Suba wirbt aber für einen ganzheitlichen Blick aufs Brett.

Neulich, bei einem Turnier in Spanien, glaubte er, sein Läufer schütze den König. Ein Irrtum, wie sein mit Schwarz spielender Gegner, Daniel Barria Zuniga, nachwies.

Lösung: 1...Dxg2+! (Weg damit! Schwarz ignoriert den vor der Umwandlung stehenden d-Bauern, stattdessen opfert er verblüffenderweise seine Dame. Der hübsche Grund: Sowohl 2.Kxg2 Se3+ 3.Kg1 Txf1 als auch 3.Kh3 Th5 würden schnell zu einem Matt führen. Suba gab auf.) **0:1.**

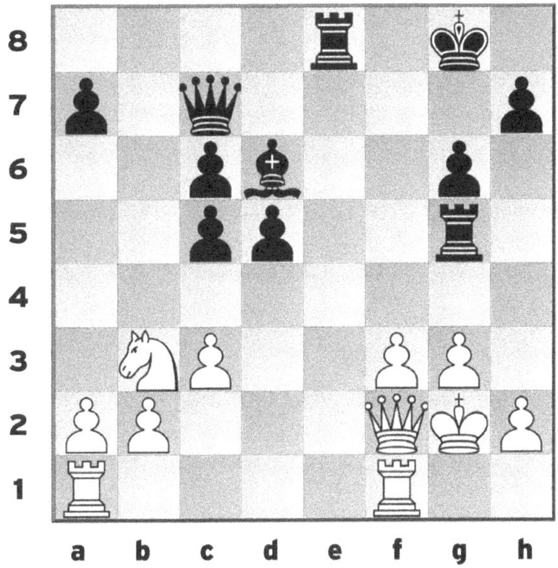

Rheingoldsucher unterwegs

Die Million, die er noch zu DM-Zeiten bei Günther Jauchs *Wer wird Millionär?* gewann, sei schon lange weg, sagt Eckhard Freise. Anfang September, zum zehnjährigen Jubiläum der Show, wird der Professor für mittelalterliche Geschichte wieder bei Jauch sitzen, als Gast neben den anderen sieben bisherigen Millionen-Gewinnern. Momentan genießt Freise aber erst einmal sein Lieblingshobby, Schach, bei seinem Lieblingsturnier, den Chess Classics in der Mainzer Rheingoldhalle. Ihn reizen die „ganz flachen Hierarchien, wenn vom Super-Großmeister bis zum Riesenpatzer alle im schönen Saal hocken und nach dem Rheingold suchen". Der Professor verfügt über eine beträchtliche Spielstärke; vor einigen Jahren besiegte er sogar Weltmeister Vishy Anand in einer Simultanpartie.

Und er hat ein gutes Gedächtnis: Zur Stellung oben sei es „am Tage des Dutschke-Attentats" im Jahr 1968 gekommen. Zeigen Sie, wie Freise als Schwarzer seinen Gegner (Friedhelm Spilker) bei der Ostwestfalenmeisterschaft ausknockte!

Lösung: 1...Lxg3! 2.hxg3 Te2! („Ein Danaergeschenk!", kommentiert Geschichtsprofessor Freise diese Ablenkung. „Soll die Burg Trojas auf g3 nicht fallen, muss die Königin dran glauben." Anders gesagt: 3.Dxe2 Dxg3+ 4.Kh1 Th5+ führt zum Matt. Deswegen gab Weiß auf.) **0:1.**

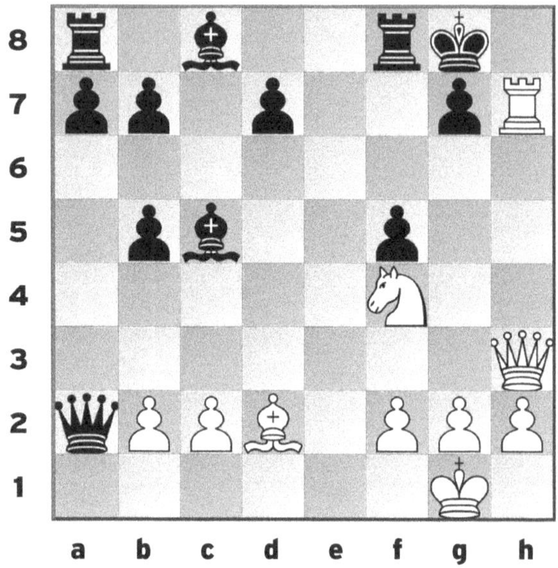

Übermenschliche Züge

Matthias Wüllenweber, Gründer der Hamburger Schach-Software-Firma Chessbase, wollte herausfinden, wie sich das Schach der Menschen von dem der Computer unterscheidet. Er untersuchte Hunderte von Partien zwischen Großmeistern und war verblüfft: Nach Logik der Computer verlieren die weltbesten Spieler im Schnitt 0,1 bis 0,2 Bauern pro Zug. Das heißt aber nicht, dass es sich bei den Menschenzügen in jedem Fall um Fehler handelt. Mensch und Maschine finden bloß manchmal unterschiedliche Lösungen. „Zudem neutralisieren sich zwischen zwei menschlichen Spielern die wechselseitigen kleinen Ungenauigkeiten", sagt Wüllenweber. Die Partien der heutigen Schachgenies zeigten auch, dass es durchaus normal ist, wenn 70 bis 80 Prozent der Menschenzüge mit denen der Programme übereinstimmen.

Doch um zu erkennen, wie cool der Computer-Weltmeister Rybka bei der Computer-WM gegen das Programm *Shredder* angriff, braucht es fast übermenschliche Rechenkraft. Unklar wäre nun z. B. 1.Th8+?! Kf7 2.Dxf5+ Ke8. Was zog Rybka mit Weiß?

Lösung: 1.g3! (Rybka macht sich Luft. Nun droht 2.Dh5! und 3.Th8 matt.) **1...Tf6** (Weder 1...Kf7 2.Dxf5+ hilft noch 1...Db1+ 2.Kg2 Dd1 3.Lc3! Kf7 4.Lxg7!) **2.Lc3! Kf7** (Schwarz ist machtlos, z. B. 2... b6 3.Dh5! Db1+ 4.Kg2 Lb7+ 5.Kh3.) **3.Dh4 Da1+ 4.Kg2 Da6 5.Lxf6 Dxf6 6.Dh5+ 1:0** (wegen 6...Kf8 7.Th8+ und 8.Sd5+).

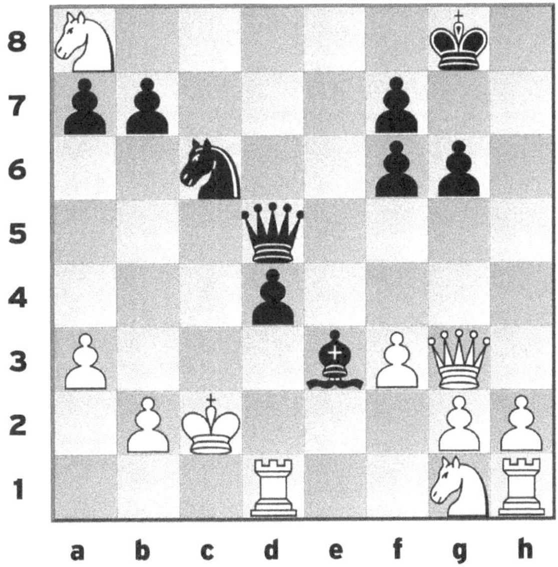

Wieso minus fünf?

Levon Aronjan spielt so schöpferisch wie kaum ein anderer. Er ist sowohl tiefgründiger Stratege als auch listiger Taktiker. Und bei alldem wirkt er immer menschlich und vergnügt. Was mindestens verblüffend zu nennen ist, angesichts der schweren Kopfarbeit, die der in Berlin lebende Armenier nun zum Beispiel wieder in Mainz verrichtet hat, bei der (inoffiziellen) Schnellschach-WM. Während Weltmeister Viswanathan Anand diesmal uninspiriert wirkte und das Finale verpasste, zog Aronjan in der Rheingoldhalle groß auf.

Nur am Ende des Finales, das er gegen den jungen Russen Jan Nepomnjaschtschi mit 3:1 gewann, irrte er. Nach opferreichem Spiel gab Aronjan, oben als Schwarzer, mit 1…Df5+ 2.Kb3 Dd5+ 3.Kc2 ein ewiges Schach. Als er von der Bühne schlenderte, traute er seinen Augen nicht: „Waaas? Minus fünf?" Ein Display, das die Zuschauer stets mit Stellungsbewertungen eines Computers versorgte, zeigte wirklich „-5,08" an. Es war also nicht remis – Schwarz hätte gewinnen können! Wieso, stand aber nicht auf dem Display.

Lösung: 1...Sa5! (Das wär's gewesen. Die Kraft dieses Zuges hatten beide Spieler nicht erkannt: Es droht ...Db3+ nebst ...Sc4 und Matt auf dem Feld b2.) **2.De1** (Andere Verteidigungsideen würden ebenso scheitern.) **2...Db3+ 3.Kb1 Sc4 4.De2 Sxa3+ 5.Ka1 Sc2+ 6.Kb1 Sb4!** nebst Matt auf a2.

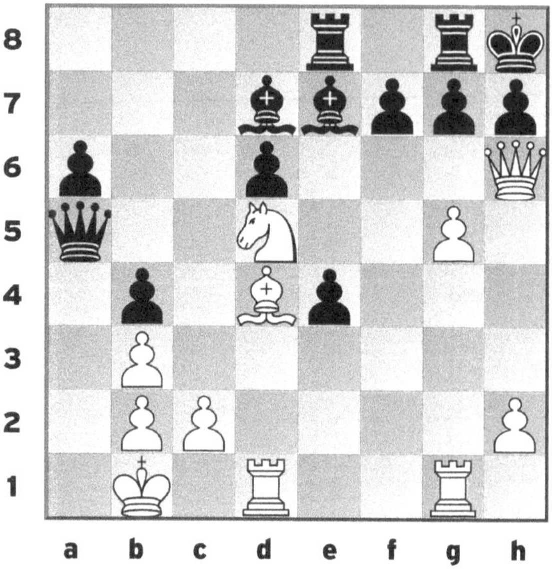

Sommerreize aus Usbekistan

Was ist Schach? Auch eine Kunst? Jawohl, sagen Kortschnoi und Kramnik, Koryphäen also, die es wissen sollten. Vor hundert Jahren hatte schon Siegbert Tarrasch darauf bestanden, dass Schach nicht als Spiel anzusehen sei, sondern als Kunst. Und noch mehr. „Schach hat wie die Liebe, wie die Musik die Fähigkeit, Menschen glücklich zu machen", sagte Tarrasch. Selbst wenn das alles stimmt, bleibt doch ein bedeutender Unterschied zwischen den Figurenschiebern und anderen Künstlern. Schachspieler bekommen sofort eine, meist auch angemessene Bewertung ihres Schaffens. Wer schwach spielt, verliert. Und weil schon ein kleiner Fehler ein groß angelegtes Werk zerstören könnte, gilt für Schachspieler das Wort des Dichters Robert Gernhardt umso mehr: „Der Künstler geht auf dünnem Eis. Erschafft er Kunst? Baut er nur Scheiß?"

Eine der reizvollsten Kombinationen dieses Sommers sah man in Taschkent/Usbekistan. Mit welchen Kunstgriffen beglückte der mit Weiß spielende Farruch Amonatow die Zuschauer und sich selbst?

Lösung: 1.g6! (Droht Matt auf h7.) **1...fxg6 2.Txg6 Lf8** (Versucht, den wunden Punkt g7 zu decken. Auch 2...Lf6 3.Lxf6 gxf6 4.Sxf6 scheiterte.) **3.Sf6!** (Schwarz, Andrej Kwon, gab auf. Er konnte das Matt auf h7 nicht sinnvoll abwenden, z. B. 3...gxh6 4.Txg8 matt; oder 3...gxf6 4.Lxf6+ Tg7 5.Lxg7+ usw.) **1:0.**

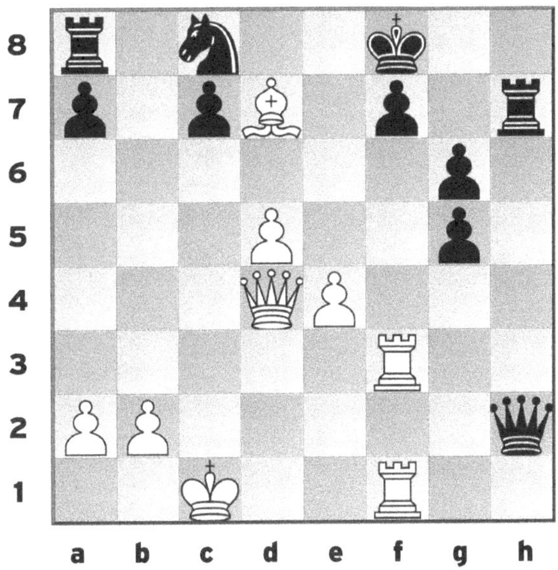

Im alten Stil

Das Restaurant Simpson's in the Strand gilt als eines der nobelsten in London. Früher, als es noch „Simpson's Grand Divan Tavern" hieß, war es eher ein Kaffeehaus. Und ein Hort des Geistes. Hier rauchten Künstler, Intellektuelle und auch die weltbesten Schachspieler bzw. deren Köpfe. Hier gelang dem Breslauer Adolph Anderssen im Jahr 1851 die „Unsterbliche Partie", und hier erlitt Johannes Hermann Zukertort 1888 einen tödlichen Schlaganfall. Im 20. Jahrhundert mussten die Schachspieler dann leider draußen bleiben. Erst 2003 besannen sich die Inhaber des Simpson's der alten Tradition, und seitdem stellen sie alljährlich einen schicken Saal für das Howard-Staunton-Gedenkturnier.

Die siebte Auflage dieser Veranstaltung ging Anfang der Woche zu Ende. Einen Wettkampf zwischen britischen und niederländischen Großmeistern gewannen die Gastgeber mit 26,5:23,5 Punkten. Sehen Sie, was der mit Weiß spielende britische Champion, David Howell, im Stil der romantischen Meister aufs Brett brachte?

Lösung: 1.Dh8+! (Überraschend und schnell entscheidend. Der schwarze Turm soll von der Verteidigung des Punkts f7 abgelenkt werden.) **1...Ke7** (Oder 1...Txh8 2.Txf7+ Kg8 3.Tf8+ Kg7 4.T1f7+ Kh6 5.Txh8 matt.) **2.Txf7+** (Und Schwarz, Ivan Sokolov, gab angesichts 2...Txf7 3.Txf7+ Kxf7 4.Dxh2 auf.) **1:0.**

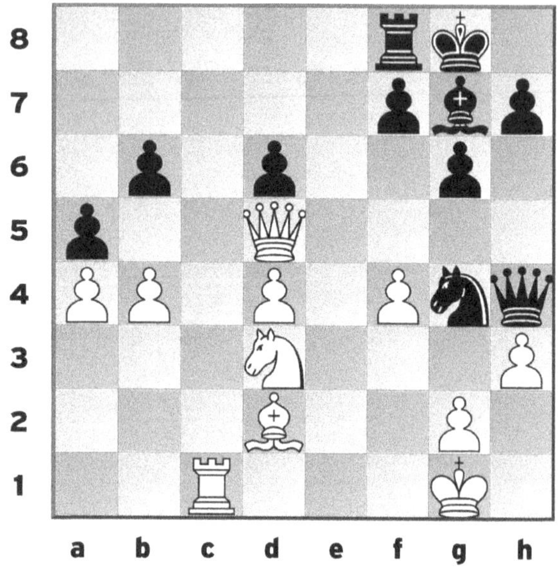

Riesenschach auf dem Acker

Dreißig Fußballfelder würden in das Schachbrett passen, das auf einem Acker am Fuße des Kyffhäuserdenkmals angelegt worden ist. Bei dieser wohl riesigsten Schachpartie aller Zeiten kann jeder mitspielen, ohne an den zwischen Thüringen und Sachsen-Anhalt gelegenen Ort reisen zu müssen. Gegnerin ist Elisabeth Pähtz, ehemalige Junioren-Weltmeisterin und Deutschlands spielstärkste Frau. Sie führt die schwarzen Steine (die auf dem Acker in Wirklichkeit rot sind) und muss sich jeden Nachmittag einen Zug überlegen, der dann im Internet auf kyffhaeuser-denkmal.de bekannt gegeben wird. Anschließend hat die virtuelle Spielgemeinschaft bis zum nächsten Morgen Zeit zum Grübeln. Der Zug, der die meisten Stimmen erhält, wird schließlich ausgeführt. Und so weiter, Tag für Tag.

Ihre ersten Züge übermittelte Elisabeth Pähtz aus St. Petersburg, wo sie im Baltic-Queen-Turnier Dritte wurde. Bei dieser Gelegenheit knüpfte sie, oben mit Schwarz, auch der Schwedin Pia Cramling entscheidendes Material ab. Wie?

Lösung: 1...Dg3! 2.hxg4 (Ebenso chancenlos wäre 2.Tc3 axb4 3.Tb3 Dh2+ 4.Kf1 Dh1+ 5.Ke2 Te8+.) **2...Dxd3** (Plötzlich hängt bei Weiß alles: d2, b4, d4.) **3.Da2** (Oder 3.Lc3 De3+ bzw. 3.Td1 Lxd4+ 4.Kh1 axb4, auch mit leichtem Gewinn.) **3...axb4 4.Tb1 Lxd4+ 5.Kh2 De2 6.Te1 b3 7.Dxb3 Dxd2** (Weiß gab auf.) **0:1.**

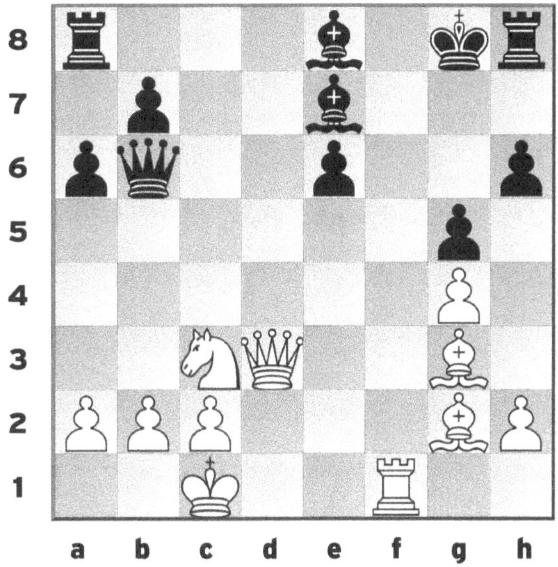

Am Brett eingeschlafen

Manch Gutes entdeckt man beim Durchspielen der jüngsten Partien aus Kalkutta. Aber am Ende wird wohl vor allem der Eklat um Vladislav Tkachiev in Erinnerung bleiben. Der Europameister des Jahres 2007 hatte sich in der dritten Runde des Opens offenbar volltrunken ans Brett gesetzt und war dort nach elf Zügen eingeschlafen. Weil alle Bemühungen, Tkachiev zu wecken, scheiterten, verlor er nach Ablauf seiner 90 Bedenkminuten durch Zeitüberschreitung. Danach trugen sie den Großmeister aus dem Spielsaal. Es war nicht das erste Mal, dass Tkachiev alkoholisiert auffällig wurde. Auch bei der Schacholympiade 2008 in Dresden hatte der aus Kasachstan stammende Wahlfranzose eine Partie verschlafen (dort allerdings nicht am Brett, sondern im Bett des Hotelzimmers), zum Ärger seiner französischen Teamkollegen.

Tkachievs Gegner in Dresden wäre der Aserbaidschaner Gadir Guseinow gewesen. Dieser spielte auch jetzt in Kalkutta mit. Und Guseinow zeigte hier, mit Weiß gegen den Inder Saravanan, etwas wirklich Gutes. Was war's?

Lösung: 1.Sd5! (Der ist tabu, wegen 1...exd5 2.Lxd5+ Kg7 3.Le5+.) **1...Dd8 2.Sxe7+ Dxe7 3.Ld6! Dg7** (Oder 3...Dd7? 4.Tf8+ Kg7 5.Dd4+ nebst Matt.) **4.Tf8+! Dxf8 5.Lxf8 Kxf8 6.Lxb7 Ta7** (Sonst gewänne ein anderer Doppelangriff: 6...Tb8 7.Dd6+.) **7.Dd4** (Schwarz gab auf, wegen 7...Txb7 8.Dxh8+ Ke7 9.Dxh6.) **1:0.**

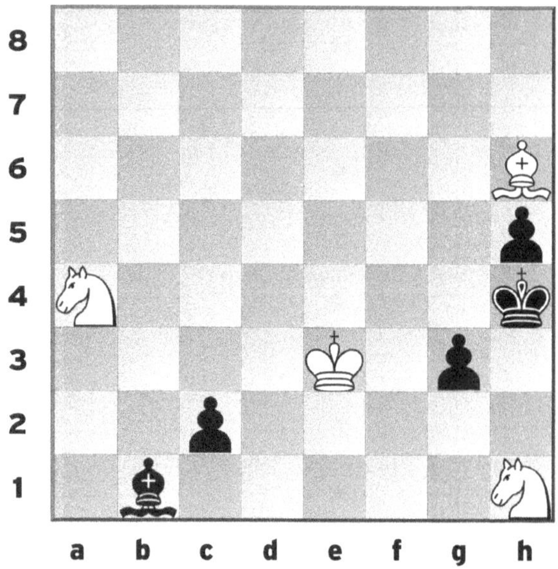

„Große Gedanken, kleines Gehirn"

Wer sich tagelang mit Schach beschäftigt hat, muss damit rechnen, dass nachts Läufer und Bauern durch die Träume flitzen. Manchmal kommen sie schon früher, so war es am Montagabend. Da spielte Sven Regener, der Schriftsteller, Musiker und Songtexter, mit seiner Band Element of Crime im Weserhaus von Radio Bremen. Sie stellten ihr neues Album vor (*Immer da wo du bist bin ich nie*). Die Musik, die poetischen Texte, witzig und traurig zugleich, boten etwas Ablenkung von der schachlichen Arbeit. Bis zu diesem Refrain: „Große Gedanken, kleines Gehirn, einer kommt weiter, und der hat dich gern." Einer kommt weiter? Prompt kam mir – sehr bedenklich – wieder ein Schach-Problem in den Sinn. Wirklich, sogar Computer übersehen die großen Gedanken hinter diesem Problem des Studienkomponisten David Gurgenidse.

Dennoch zwei harte Fragen an Sie! Weiß ist am Zug, aber ein schwarzer Bauer kommt weiter und wird sich in eine Dame verwandeln. Warum? Am Ende erzwingt Weiß trotzdem auf unfassbare Weise ein Remis. Wie?

Lösung: 1.Kf3! c1D! 2.Lxc1 Le4+! (Alles forciert.) **3.Kxe4 g2 4.Lg5+! Kxg5** (Oder 4...Kh3 5.Sf2+, remis.) **5.Sf2 Kh4!** (Oder 5...g1D 6.Sh3+.) **6.Kf3! g1D 7.Sc5!** (Auf nach e4!) **7...Dg3+** (Nicht 7...Kg5 8.Sh3+.) **8.Ke2 De5+** (Oder 8...Kg5 9.Sce4+.) **9.Sce4!** (So sperren die Springer den König h4 für immer ein.) **remis.**

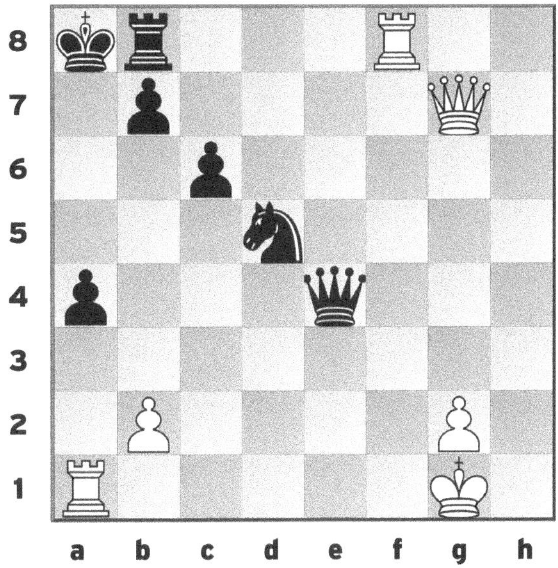

Meister Giri

Anish Giri, 15, Sohn einer Russin und eines Nepalesen, lebt erst seit Anfang 2008 in Delft. Niederländisch spricht er aber schon fließend. Noch gewählter unterhält er sich vermutlich auf Russisch, und er kann auch Japanisch und Englisch, was teils mit den Orten seiner Kindheit zu erklären ist. Anish wuchs in St. Petersburg auf, später zogen seine Eltern mit ihm nach Japan, berufsbedingt. Noch erstaunlicher als Anishs Sprachtalent ist, dass er erst acht Jahre Schach spielt, aber schon den höchsten Titel trägt. Derzeit ist er der jüngste Großmeister der Welt. Anish sagt, er möchte einer der besten Spieler werden.

Klar, das schafft er. Sein Vorbild ist Garry Kasparow. Und ähnlich dynamisch spielt auch Anish. Dies bekamen seine Gegner bei den niederländischen Meisterschaften in Haaksbergen zu spüren. Dank einer makellosen Bilanz – vier Siege, vier Remisen, keine Niederlage – ist Anish Giri nun der Champion in seiner neuen Heimat. Wie zwang er mit Weiß den Internationalen Meister Frans Cuijpers zur Kapitulation?

Lösung: 1.De5! (Eine feine Ablenkung und überdies der einzig klare Gewinnzug. Schwarz gab sogleich auf, weil er kein Mittel besaß, die Doppeldrohung 2.Dxe4 und 2.Dxb8 matt anständig zu bedienen. Denn 1...Dxe5 würde ja an 2.Txa4 matt scheitern.) **1:0.**

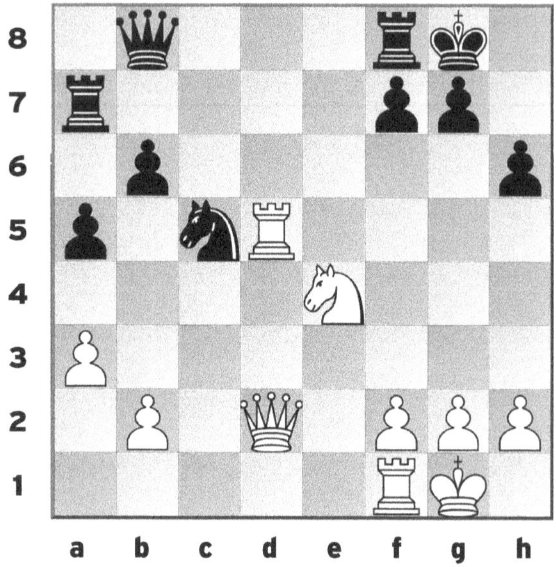

Kasparow wie in alten Zeiten

Garry Kasparow hat eingeräumt, dass er ohne das Training mit Magnus Carlsen nie zu dem Showkampf gegen seinen alten Rivalen Anatoli Karpow bereit gewesen wäre. Er hatte ja über vier Jahre keine öffentliche Partie mehr gespielt. Doch eigentlich trainiert Kasparow neuerdings Carlsen, nicht umgekehrt.

Wieso macht er das überhaupt? Geld kann es nicht sein, Kasparow hat Millionen. Die Vorstellung, er stelle sich ganz uneigennützig in den Dienst des Jahrhunderttalents, harmoniert indes kaum mit dem gewaltigen Ego des Russen. Klar, Carlsen dürfte von dem tiefen Schachverständnis des vielleicht besten Spielers aller Zeiten profitieren, vielleicht wird er auch bald die Nummer eins der Welt. Und dass Kasparow wirklich willens ist, dem norwegischen Jungstar einige seiner Eröffnungsgeheimnisse zu verraten, hat man Carlsens Glanzpartien in Nanjing/China angesehen.

Aber auch Kasparow wirkt inspiriert. Welche Kraft der 46-Jährige noch aufs Brett bringt, zeigte sein 9:3-Erfolg gegen Karpow in Valencia. Was zauberte er mit Weiß aufs Brett?

Lösung: 1.Sf6+! gxf6 (Nicht 1...Kh8? 2.Th5!) **2.Dxh6** (Idee: 3.Th5.) **2...f5 3.Dg5+!** (Nicht 3.Txf5? f6!) **3...Kh8 4.Df6+ Kg8 5.Txf5 Se4 6.Dh4!** (Droht u. a. 7.Dg4+.) **6...Te8 7.Th5 f5** (Zeitüberschreitung. Aber Karpow war ohnehin verloren, z. B. 8.Th8+ Kf7 9.Dh7+ Kf6 10.Dh6+ Ke5 11.Td1, mit der Idee 12.f4 matt.) **1:0.**

Schachlegenden am Brett: Garry Kasparow und Anatoli Karpow bei ihrem Revival-Kampf im September 2009 in Valencia.

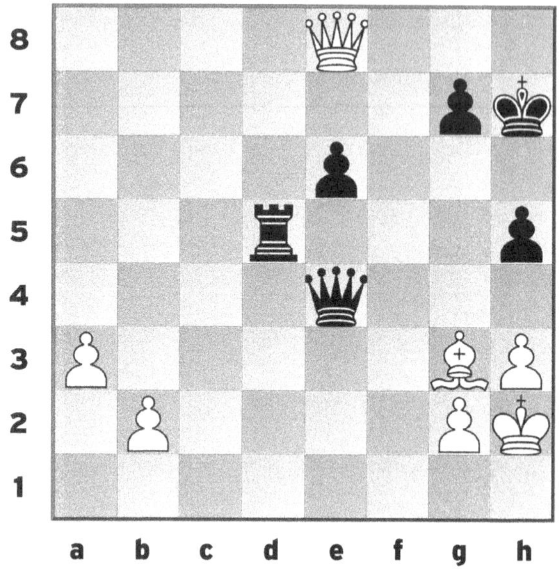

Sonderprüfung in der Botschaft

Vor einigen Jahren war die deutsche Botschaft in Kiew in die Schlagzeilen geraten. Tausende Ukrainer hätten ohne gründliche Prüfung Visa für die Einreise nach Deutschland erhalten, hieß es. Bei Sahar Jefimenko nahm man allerdings eine bizarre Sonderprüfung vor. Damals, im Winter 2003, war er gerade 18 Jahre alt und brauchte ein Visum, um erstmals für den Bundesligisten Werder Bremen Schach zu spielen. Wie bitte?, fragten sie in der Botschaft. 18 und Großmeister? Schachbundesliga? Wie geht das denn? Der junge Mann solle erst einmal beweisen, ob er überhaupt Schach spielen kann, am besten sofort, in einem Nebenzimmer. Als Jefimenko den spontan als Gegner ausgewählten Botschaftsangestellten matt gesetzt hatte, bekam er sein Visum.

Inzwischen hat er oft bewiesen, dass er auch den Weltbesten gefährlich werden kann. Nun jedoch verlor er in Mukatschewo/Ukraine gegen den zuletzt stark aufspielenden Briten Nigel Short mit 2,5:3,5 Punkten. Bloß die erste Wettkampfpartie hatte Jefimenko gewonnen. Was zog er mit Schwarz?

Lösung: 1...h4! (So nähert Schwarz sich korrekt g2, dem schwächsten Punkt bei Weiß. Ungenau wäre 1...Tg5? 2.h4! Der Turm dürfte auch nicht auf die zweite Reihe ziehen, weil er das Feld h5 im Auge behalten muss.) **2.Lc7** (Anderes änderte auch nichts mehr, z. B. 2.Lxh4 Dxh4 3.Dxe6 Df4+ und Matt.) **2...Tg5! 0:1.**

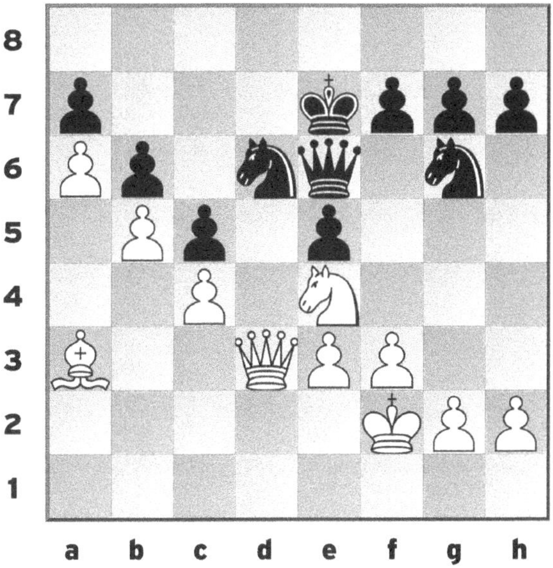

Kraft, Raum und Zeit

Manche Männer, die im Fußball Bescheid wissen, vergleichen ihren Sport gerne mal mit Schach. Otto Rehhagel empfiehlt seinen Spielern „schachbrettartige Kombinationen". Kenntnisreicher formuliert es Hobbyschachspieler und Fußballbundesliga-Trainer Felix Magath. Im Grunde basiere Fußball wie Schach auf den „Faktoren Kraft, Raum und Zeit", philosophierte Magath in einem *Spiegel*-Interview. Stimmt, diese schachliche Dreifaltigkeit besteht eigentlich immer, auch in der Position oben, die neulich in Sibenik/Kroatien aufs Brett kam. Beide Seiten haben momentan gleich viel *Kraft*, der Materialwert beträgt hüben wie drüben exakt 22 Punkte.

Doch Weiß, Großmeister Luka Lenic, beherrscht am linken Flügel mehr *Raum*, seine Bauern sind weit in die Hälfte des Gegners vorgerückt. Entscheidend ist aber in diesem Fall, dass er die *Zeit* hat zu einer, na ja, „schachbrettartigen Kombination". Weiß ist nämlich am Zug, in Ballbesitz sozusagen. Und?

Lösung: 1.Lxc5! (Lenic opfert den Läufer, weil die verbleibenden schwarzen Figuren am Ende machtlos sein werden, den a-Bauern auf dem Weg zur Umwandlung zu stoppen.) **1...bxc5 2.Dxd6+!** (Und Schwarz, Darko Doric, gab auf. Denn der a-Bauer läuft: 2...Dxd6 3.Sxd6 Kxd6 4.b6 axb6 5.a7.) **1:0.**

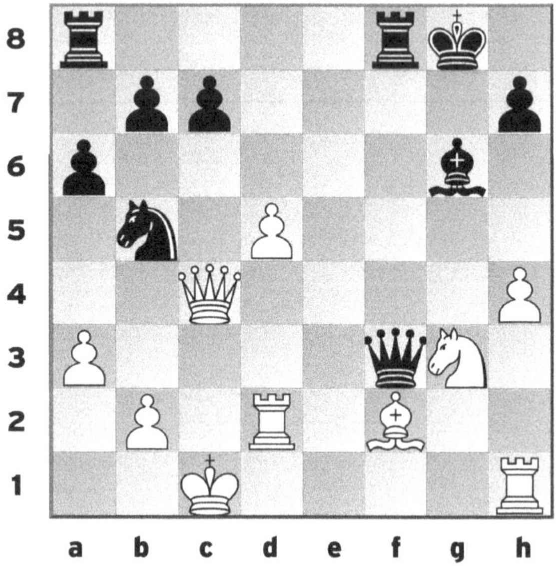

Anand im Zugzwang

Obwohl Viswanathan Anand gerade in Deutschland war, saß er zum Saisonauftakt nicht für OSG Baden-Baden am Brett. „Vishy trainiert", sagte Aruna Anand, die Ehefrau und Managerin. Nicht verraten hat sie, wofür der Weltmeister trainiert. Vielleicht schon für die WM gegen Wesselin Topalow? Der Kampf soll im April 2010 in Sofia stattfinden, dies hat der Weltschachbund beschlossen. Bojko Borissow, der bulgarische Ministerpräsident und frühere Bürgermeister von Sofia, bürgt persönlich für das Drei-Millionen-Euro-Budget. Ein neutrales Land wäre Anand lieber gewesen, aber nun muss er in der Heimat des Gegners spielen. „Für Kommentare ist es zu früh", sagt Aruna. Über Details sei noch nicht gesprochen worden. In den vergangenen drei Jahren hatte Anand Einladungen zum Turnier in Sofia stets ausgeschlagen. Den WM-Kampf wird er aber nicht ablehnen können, sonst droht ihm ein kampfloser Titelverlust.

Derweil hat Anand, oben mit Schwarz am Zug, auf Korsika einen Schnellschach-Wettkampf gegen Anatoli Karpow mit 3,5:0,5 gewonnen.

Lösung: 1...Tf4! (Hat ein Turmschach in der c-Linie im Sinn.) **2.Da2** (Auch 2.De2 Db3 half nichts, z. B. 3.De6+ Lf7 4.De2 Te8 5.Dd3 Tc4+ 6.Kb1 Lg6.) **2...Sd6!** (Droht...Tc4+.) **3.b3 Dc3+ 4.Kd1 Txf2** (Karpow gab auf. Nach 5.Txf2 Dxg3 droht u. a. ...Se4, Weiß wäre machtlos, z. B. 6.Tg2 Dd3+ 7.Kc1 Tf8 8.Td1 Tf1 usw.) **0:1.**

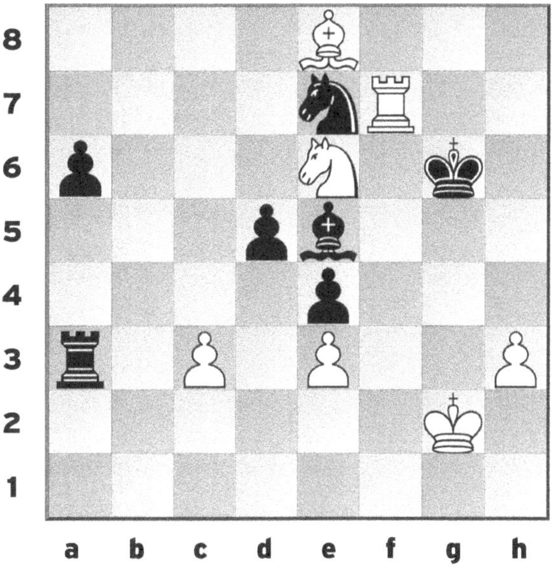

Gaschimow mit Kraft

Dass Aserbaidschan und nicht Russland Europameister geworden ist, war letztlich Glück beziehungsweise Pech. In der letzten Partie profitierte Wugar Gaschimow, 23-jähriges Schachgenie aus Baku, von einem plumpen Fehler eines Gegners. Normalerweise braucht Gaschimow kein Glück, er scheint ohnehin immer stärker zu werden, jetzt ist er Sechster der Welt! Schon als Kind war sein außerordentliches Talent unübersehbar; allerdings litt Gaschimow unter Epilepsie, was seine Fortschritte zeitweise gebremst haben dürfte. Heute, nach einigen Gehirnoperationen, sind die gesundheitlichen Probleme offenbar überwunden.

Bei der Europameisterschaft in Novi Sad/Serbien zeugten seine Züge wieder von Kraft und Tiefe. Gegen den Georgier Mchedlischwili war Präzision gefragt: Wenn man aufs Diagramm schaut, fällt es schwer, einen klaren Gewinnweg für Weiß aufzuzeigen. Falsch wäre 1.Txe7+? Kf6. Auch 1.Sf4+ ist undeutlich, wegen 1...Lxf4 2.Txe7+ Kf6 3.Tf7+ Ke6 4.Txf4 Txc3 5.Kf2 Tc2+. Gaschimow, mit Weiß, fand etwas Klares. Was?

Lösung: 1.h4! (Nimmt dem König das Feld g5 und droht 2.Sf8+ ggf. nebst 3.Th7 matt. Sofort 1.Sf8+?! wäre unpräzise: 1...Kg5! 2.Txe7 Ta2+ 3.Kf1 Lxc3.) **1...Txc3?** (Auch 1...Ta2+? 2.Tf2+ taugte nichts. Zäher, aber auch ungenügend wäre 1...Lf6, z. B. 2.Sd4 Txc3 3.Txe7+ bzw. 2... Lxd4 3.Txe7+ Kf5 4.cxd4.) **2.Sf8+ 1:0.**

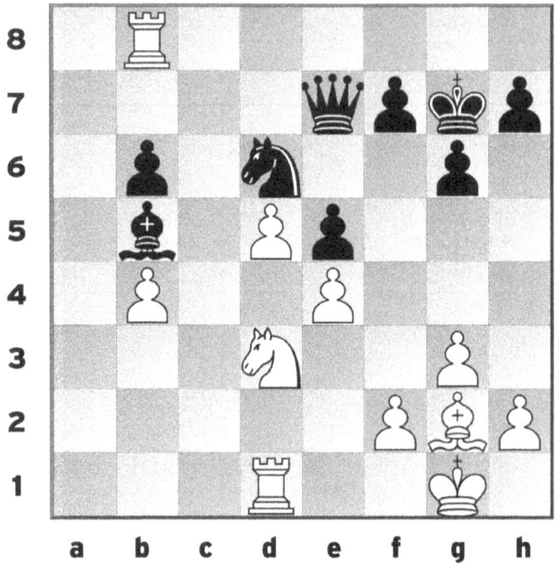

Magnus Nr. 1

Magnus Carlsen bloggt. Eigentlich ist er kein Selbstdarsteller, die leisen Beiträge auf der Webseite seines Sponsors (www.articsec.no) wirken eher wie eine Pflicht. Neulich schrieb er, es habe etwas Imposantes, in Moskau Schach zu spielen. Die breiten Straßen, die großen Gebäude, die reiche Schachgeschichte – das alles habe ihn in eine feierliche Spiellaune versetzt. Nur beiläufig erwähnte Carlsen etwas Imposantes in eigener Sache: „Mir ist mitgeteilt worden, ich bin wieder die Nummer eins der Live-Weltrangliste." Dass dem bescheidenen Norweger in der ruhmreichen Schachgeschichte selber ein dickes Kapitel gebührt, ist längst klar. Dabei wird das frühere Wunderkind morgen, am 30. November, erst 19 Jahre alt. Fragt sich nur, ob Carlsen auch irgendwann den WM-Titel schafft.

Blitz-Weltmeister ist er jetzt immerhin schon. Nach 42 Partien mit drei Minuten Bedenkzeit (plus zwei Sekunden pro Zug) hatte er Anand, Kramnik und die anderen Stars deutlich distanziert. In Moskau blitzte Carlsen (mit Schwarz) auch Anatoli Karpow nieder. Wie?

Lösung: 1...Dc7! (Der geräuschlose Vorbereitungszug.) **2.Ta8 Dc2** (Und darauf hatte es Carlsen abgesehen! Doppelangriffe gehören eben zu den wichtigsten taktischen Elementen im Schach. Karpow gab auf, weil er den Figurenverlust nicht vermeiden konnte, z.B. 3.Taa1 Lxd3 4.Tac1 Db2 usw.) **0:1.**

Magnus Carlsen

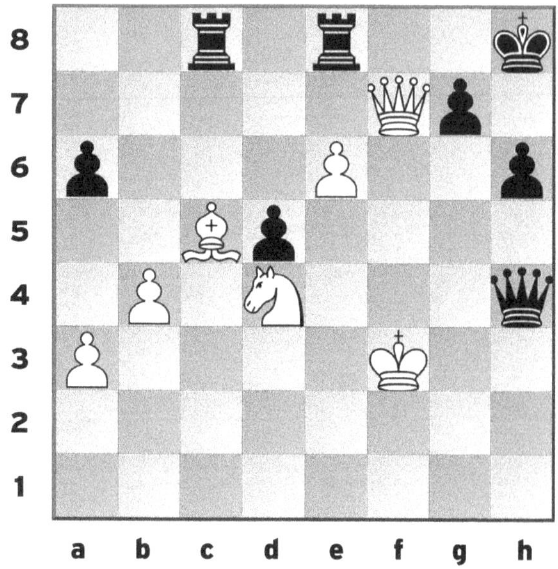

Kramnik schwerelos

Weltmeister sein ist wohl auch nicht nur schön. Vor einigen Jahren fragte ich Wladimir Kramnik, ob es einen Unterschied mache, ob der Spieler Kramnik am Brett sitzt oder der Weltmeister Kramnik? Der Russe antwortete, ohne zu zögern: „Natürlich, das ist etwas ganz anderes. Für jeden." Sein Leben habe sich total verändert, nachdem er im Jahr 2000 Garry Kasparow als Weltmeister abgelöst hatte. Kramnik spürte plötzlich eine „tonnenschwere Last" auf seinen Schultern. Der Druck, das Gefühl einer Verantwortung gegenüber der Schachgeschichte und dann der Ausbruch einer Autoimmunkrankheit – all das waren sicherlich Ursachen für manch fades Remis in jener Zeit.

Vor zwei Jahren verlor Kramnik seinen WM-Titel. Und heute spielt er so schwerelos und kämpferisch, als sei er von allen Lasten und Schmerzen befreit. Die Art, wie er in Moskau das bestbesetzte Turnier des Jahres gewonnen hat (vor dem Jungstar Magnus Carlsen), erinnerte an seine Glanzzeiten. Wie vollstreckte Kramnik mit Schwarz gegen Alexander Morosewitsch?

Lösung: 1...Tf8! (Das Beste. Klar, Kramnik hätte einige Damenschachs geben können, aber zum Mattsetzen braucht die Dame die Unterstützung eines Turms.) **2.Lxf8 Tc3+** (Da ist er!) **3.Kg2** (Oder 3.Ke2 De4+ 4.Kf1 Tc1+ 5.Kf2 Dxd4+ usw.) **3...Dg3+ 4.Kf1 Tc1+ 0:1** (wegen 5.Ke2 Te1+ 6.Kd2 De3+ 7.Kc2 Tc1+ samt Matt).

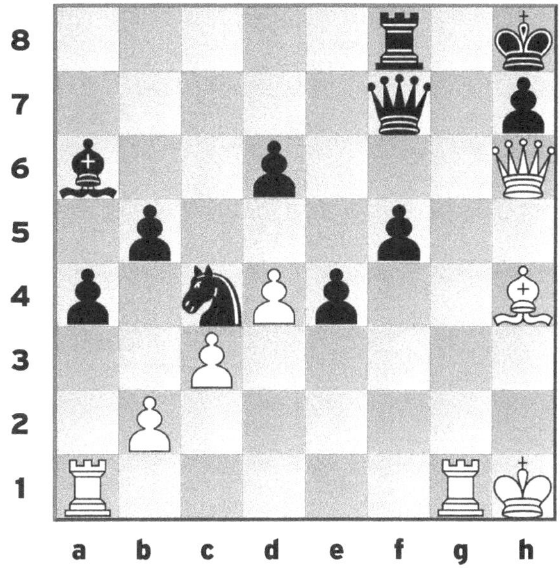

Kindeswille zählt

Dass sie nie eine Wahl hatte, will Judit Polgar ihrem Vater nicht nachtragen. Sie spricht mit Respekt von ihm. Früher war sie ja im Grunde Teil eines Versuchs, mit dem der Vater beweisen wollte, dass Schachgenies „machbar" sind. Judit und ihre beiden älteren Schwestern saßen nie auf einer Schulbank – aber schon als Kleinkind am Brett. Heute ist Judit 33, selber Mutter und immer noch die weltbeste Spielerin.

Am Rande des Weltcups im sibirischen Chanty Mansijsk deutete sie an, dass ihr Vater auch den Enkeln Schach lehren wolle. Er hat aber wohl nicht mehr viel zu sagen. „Die Frage ist, ob die Kinder und wir Eltern es wollen", sagte Judit Polgar. Ihr Ehemann, ein Tierarzt, sei übrigens auch nicht entzückt von der Vorstellung, dass seine Kinder einmal Schachprofis werden könnten. Polgar indes hat nach längerer Mutterpause wieder mit intensivem Training begonnen. „Ich kann ohne Schach nicht leben." Im Weltcup scheiterte sie erst im Stechen an Boris Gelfand. Zuvor hatte sie ihn aber einmal, oben mit Weiß, hart erwischt.

Lösung: 1.Tg6! (Ohne dieses elegante Scheinopfermotiv wäre die Sache weniger klar. Gelfand resignierte sofort, weil es gegen die Drohung 2.Lf6+ keine Rettung mehr gab; offensichtlich scheitern würde 1...Dxg6, nämlich an 2.Dxf8+ Dg8 3.Lf6 matt.) **1:0.**

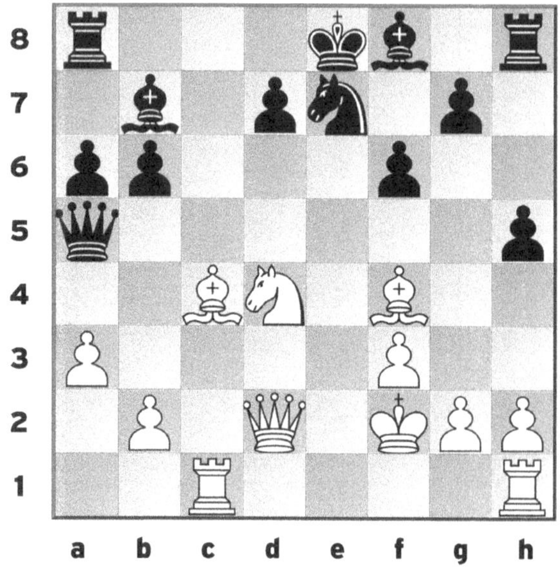

Boris Gelfand kann gut vergessen

Draußen minus 30 Grad, drinnen ein U30-Genie nach dem anderen. Das steckt man als 41-Jähriger nicht so leicht weg, weiß Boris Gelfand. Er gehörte zu den Ältesten unter 128 Weltcup-Teilnehmern im sibirischen Chanty Mansijsk. Und trotzdem gewann der aus Weißrussland stammende Israeli das vielleicht härteste Turnier des Jahres. Das Alter habe eben auch Vorteile, sagt Gelfand. Erfahrung! Es gebe so viele junge Spieler, die nach den ersten Niederlagen ihre Moral verlören. „Sie können einen Fehler einfach nicht vergessen."

Gelfand hingegen ist gut im Vergessen. Seit fast 20 Jahren zählt er zur Weltspitze; klar, dass einer wie er weiß, wie man mit Frusterfahrungen umgeht. Nach drei Wochen und insgesamt 36 Partien, darunter 16 klassische mit langer Bedenkzeit, hatte er sieben Großmeister ausgeschaltet und sich damit für das WM-Kandidatenturnier qualifiziert. Im Finale gegen Ruslan Ponomarjow widerlegte Gelfand, oben mit Weiß in der zweiten Blitz-Stichpartie, mühelos das Eröffnungskonzept seines Gegners. Wie?

Lösung: 1.b4! (Das Beste, denn die schwarze Dame hat sich verirrt. Nach anderen Zügen hätte Ponomarjow ihr noch Fluchtfelder schaffen können, mit ...b5 bzw. ...h5. Nun jedoch, nach 1.b4, geht sie verloren.) **1...Da4** (Oder gleich 1...Dxa3 2.Ta1, mit Damengewinn.) **2.Lb3! Dxa3 3.Ta1 1:0.**

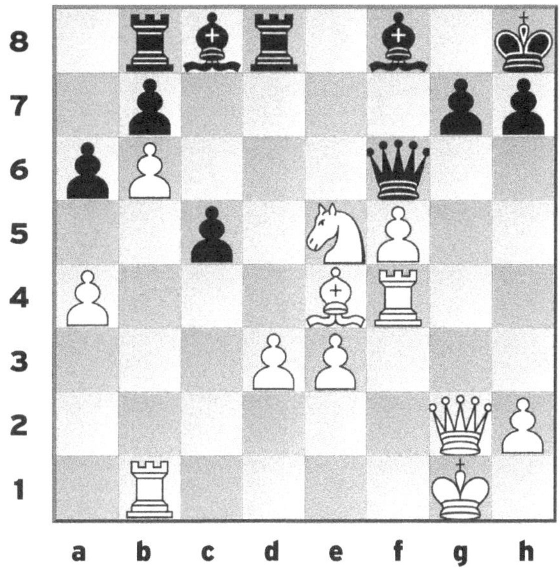

Ruhig blitzen!

Weil im Gehirn eines 20-Jährigen die Synapsen, also die Schaltstellen zwischen den Nervenzellen, besser flutschen als bei einem 50-Jährigen, sind jüngere Schachmeister den älteren sozusagen von Haus aus überlegen, vor allem im Blitzschach, bei nur fünf Minuten Bedenkzeit pro Partie. Für Klaus Bischoff gilt das anscheinend nicht. Der in Frankfurt am Main lebende Großmeister ist 48 und hat trotzdem wieder die deutsche Blitzmeisterschaft gewonnen. Zum elften Mal! Das Geheimnis hinter den Blitzerfolgen liegt, neben seiner hohen Grundspielstärke, wohl auch im Zugrhythmus. „Einige ziehen ja ganz hektisch, das sieht immer unheimlich schnell aus", sagt Bischoff. „Ich spiele lieber ruhig und gleichmäßig, aber am Ende bin ich es dann meist, der mehr Zeit hat."

Er ist eben nicht nur ein begehrter Kommentator, sondern auch immer noch ein ausgebuffter Profi. Und Bischoff spielt viel, unter anderem in Österreichs Bundesliga, wo er in dieser Saison, als Weißer am Zug, den ungarischen Großmeister Robert Ruck schlug. Wie?

Lösung: 1.Sg6+! hxg6 (Oder 1...Kg8 2.Ld5+ und gewinnt.) **2.fxg6** (Schwarz wird kein Mittel finden, die weiße Dame vom Betreten der h-Linie abzuhalten.) **2...De5** (Oder 2...De7 3.Tg4! Lxg4 4.Dxg4 Kg8 5.Dh5 nebst Matt auf h7.) **3.Dg3! Le7 4.Th4+ Lxh4 5.Dxh4+** (Ruck gab wegen 5...Kg8 6.Dxd8+ auf.) **1:0.**

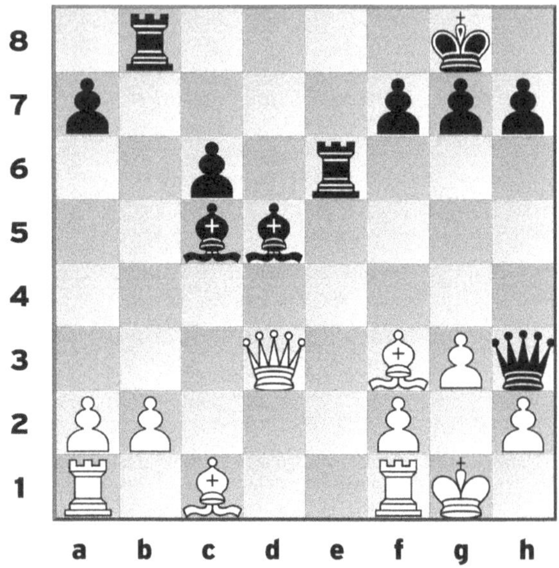

Alter Schwede

Frühere Weggefährten haben Dr. Tore Rilton als scheuen Einzelgänger beschrieben. Der 1983 verstorbene Arzt bleibt trotzdem unvergessen, nicht nur in seiner Heimat Schweden. In Riltons Leben spielten Schach und Kunst nämlich eine so große Rolle, dass er sein gesamtes, beträchtliches Vermögen diesen beiden Leidenschaften vererbte. Ein Segen für die schwedische Schachförderung: Rilton hatte per Testament die Gründung einer Stiftung verfügt, von deren Erträgen auch nach seinem Tod u. a. der Rilton-Cup finanziert werden solle. Ergo gibt es nach wie vor, immer zur Jahreswende, ein bedeutendes Open in Stockholm. Die jüngste, 39. Auflage fand wieder in der München-Bryggeriet statt, einer stillgelegten Brauerei, die heute als Kultur- und Konferenzzentrum dient. Ob der Blick vom siebten Stock auf Stockholms Meeresbucht zu tiefgründigen Kombinationen inspiriert? Im Fall des Russen Sergej Iwanow, oben mit Schwarz am Zug, mag es so gewesen sein. Mit einer Reihe von Prachtzügen bezwang er seinen Landsmann Michail Ulibin. Wie?

Lösung: 1...Txb2! (Dieser Turm ist tabu, wegen 2.Lxb2 Th6! nebst Matt. Auch 2.Lxd5 würde scheitern, an 2...Txf2! 3.Txf2 Te1+.) **2.Lf4 Tee2! 3.Lxd5** (Natürlich nicht 3.Lxe2?? Dg2 matt.) **3...Lxf2+ 4.Txf2** (Auf 4.Kh1 gewänne u.a. 4...Lb6 5.Lxf7+ Kh8!) **4...Txf2 5.Lxf7+ Kxf7 6.Dc4+ De6** und Weiß gab auf. **0:1**

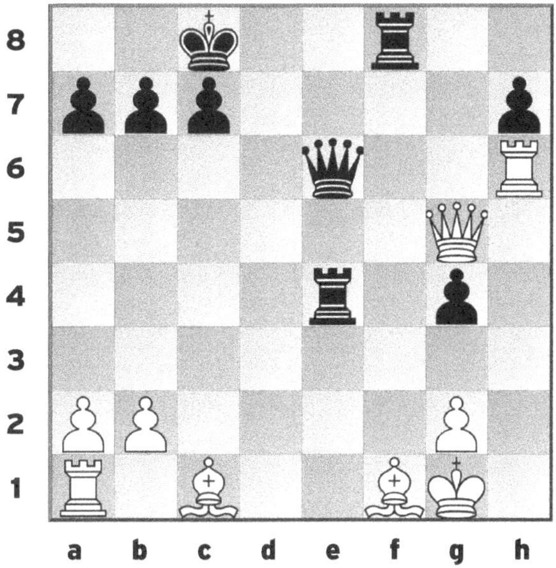

Bauer nach f4, gehaucht

Schach gilt gemeinhin als eine eher unerotische Beschäftigung. Wer sich aber im Kino *Die Schachspielerin* anschaut, dürfte kaum übersehen, dass es gegen Ende des Films knistert. Hélène, im Laufe der Handlung von einem Zimmermädchen zur selbstbewussten Frau verwandelt – dank Schach, ihrer neu entdeckten Leidenschaft –, diese Hélène, gespielt von Frankreichs Filmstar Sandrine Bonnaire, schaut ihrem Spielpartner zärtlich in die Augen. Schließlich flüstert sie: „e4". Er antwortet: „e5". Sie lächelt und haucht: „f4". Er: „e5 nimmt f4" und so weiter. Die beiden spielen eine Blindpartie, ohne Brett und Figuren.

Dass Hélène in nur wenigen Monaten eine Könnerin geworden ist, mag unrealistisch erscheinen; aber für Regisseurin Caroline Bottaro, die Bertina Henrichs Romanvorlage leicht verändert hat, dient Schach vor allem als Metapher bei Hélènes Suche nach Freiheit. Vorbild für die gehauchten Züge war vermutlich eine kaum bekannte Partie zwischen Nigel Short und Jeroen Piket: Wie hätte Schwarz sich retten können?

Lösung: 1...Txf1+! (Nur so!) **2.Kxf1 Te1+ 3.Kf2 De2+?** (Damit verpasste Piket, bei einem Turnier in Madrid 1997, das mögliche Dauerschach. Zum Remis geführt hätte: 3...Te2+! 4.Kg3 Txg2+! - die Pointe - 5.Kxg2 De2+ 6.Kg3 Df3+ 7.Kh2 Df2+.) **4.Kg3 Dd3+ 5.Kxg4** (Piket gab wegen 4...Dd7+ 5.Kg3 Dd3+ 6.Kh2 auf.)

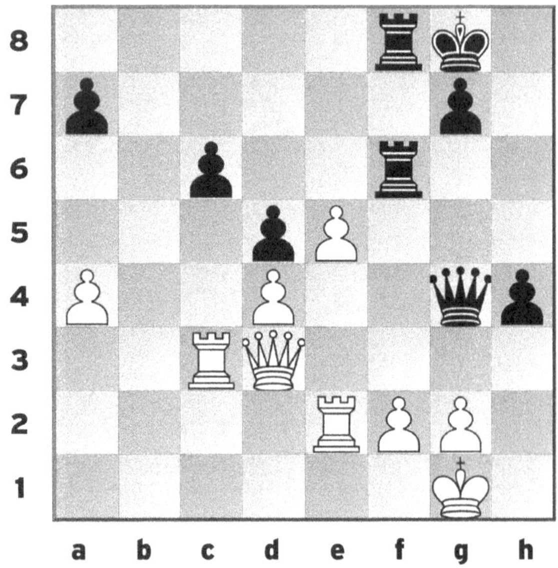

… à la Karlsbad

Während im Westen manche Kinder noch aufs plumpe Schäfermatt hereinfielen, wurden junge Russen schon mit den Feinheiten der Karlsbad-Struktur und dergleichen vertraut gemacht. Ab den 1920er Jahren war Schach in der Sowjetunion enorm gefördert worden, in den Schulen, in Pionierpalästen, ja fast überall, was wiederum die sagenhafte schachliche Allgemeinbildung in der Sowjetunion erklärt. Letztere gibt es nicht mehr, aber über die fast ebenso alte Karlsbad-Struktur wird immer noch debattiert.

In der obigen Stellung, zu der es jüngst bei der Team-WM in der Türkei kam, erkennt man noch die Reste einer Karlsbader Bauernstruktur, die ihren Namen übrigens nach dem Turnier in Karlsbad 1923 erhielt. Hier jedoch ist Weiß die übliche Belagerung des schwachen Bauern c6 misslungen; der Gegner, Junggroßmeister Nikita Witjugow, hat am anderen Flügel bereits einen starken Gegenangriff eingeleitet.

Sehen Sie, was Witjugow, der mit 5,5 Punkten aus 6 Partien großen Anteil am WM-Sieg der Russen haben sollte, als Schwarzer zog?

Lösung: 1…Tf3! 2.Dxf3 (Auch im Fall von 2.Dd2 gewänne Schwarz leicht, nämlich mit 2…Txc3 3.Dxc3 Dxe2.) **2…Txf3 3.Txf3 h3!** (Und mit diesem kleinen Bauernzug nötigte Witjugow den mit Weiß spielenden Türken Baris Esen zur Kapitulation. Nach 4.Txh3 verlöre Weiß seinen Turm auf e2.) **0:1.**

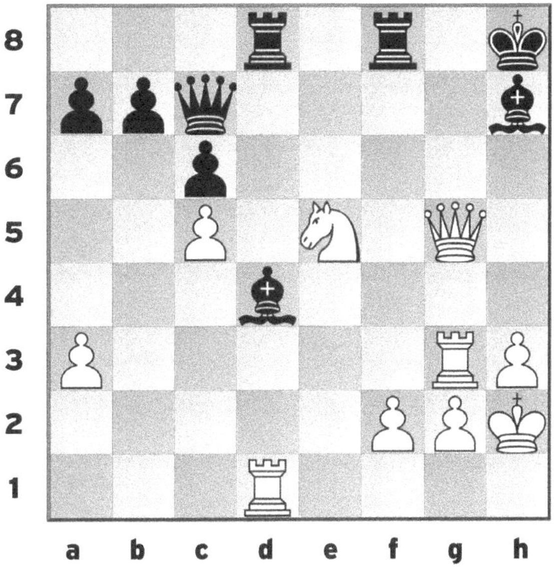

Gut geblufft, Alexej Schirow!

„Es gibt zwei Arten von Opfern: korrekte und meine“, sagte Michail Tal einmal. Wer aber heute Tals berühmte Partien mit einem starken Computerprogramm prüft, wird schnell merken, dass der achte Weltmeister der Schachgeschichte nicht nur ungemein schöpferisch spielte, sondern meistens auch völlig korrekt opferte. Was das Zaubern auf dem Brett angeht, gilt Alexej Schirow als ein würdiger Erbe von Michail Tal. Beide stammen aus Riga, und auch Schirows Opfer sind fast immer korrekt. Beim Turnier in Wijk aan Zee, wo er wie im Rausch mit fünf Siegen startete, opferte er jedoch einmal unsinnig, nämlich gegen den Niederländer Jan Smeets. Anstatt danach einen langen, quälenden Verteidigungskampf führen zu müssen, stellte der clevere Schirow seine Dame aufs Feld g5. „Ich gebe zu, dass ich geblufft habe“, sagte er nach der Partie, „gegen ein Computerprogramm hätte ich mit diesem Zug keine Chance gehabt.“

Sein menschlicher Gegner patzte jedoch prompt. Und Schirow, oben mit Weiß, konnte eine pfiffige Schlusspointe setzen. Welche?

Lösung: 1.Txd4! (Es ging auch umgekehrt: erst 1.Sg6+! Lxg6 und dann 2.Txd4!) **1...Txd4 2.Sg6+! Kg7** (Das Endspiel nach 2...Lxg6 3.Dh6+ Dh7 4.Dxf8+ Dg8 5.Dh6+ Dh7 6.Txg6 Dxh6 7.Txh6+ wäre ebenfalls glatt verloren für Schwarz.) **3.Sxf8+** (Smeets gab wegen 3...Kxf8 4.Df6+ nebst 5.Dxd4 auf.) **1:0.**

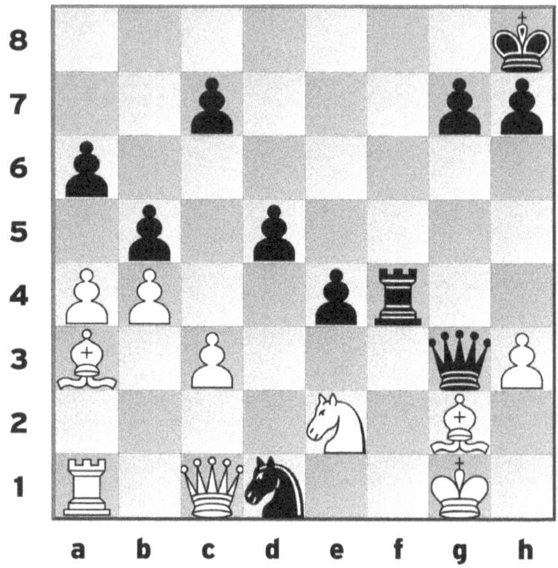

Jugend, forsch

Garry Kasparow hat nicht übertrieben, als er sagte, dass ein 15-Jähriger heute mehr über Schach wissen könne „als Bobby Fischer in seinem ganzen Leben". Die Jugend profitiert eben besonders von der digitalen Revolution, junge Köpfe arbeiten flink wie neue Betriebssysteme. Dennoch wäre es verfrüht, nun gleich den Sinn der U20-WM anzuzweifeln. Auf Platz eins der Männerwelt steht zwar ein 19-Jähriger, Magnus Carlsen, aber genau betrachtet halten die Alten immer noch gut mit: Das Durchschnittsalter der Top-Ten-Spieler liegt bei 31 Jahren. Unübersehbar drängt jedoch eine Reihe Teenies forsch nach vorn, darunter Wesley So, 16, von den Philippinen und auch der für die Niederlande spielende Anish Giri, 15. Letzterer gewann jetzt das stark besetzte B-Turnier beim Schachfestival in Wijk aan Zee/Niederlande. Damit darf Giri im nächsten Jahr beim A-Turnier mitmachen, das diesmal Magnus Carlsen gewann.

In Runde elf ließ Giri, mit Schwarz gegen den bis dahin siegesgewissen Wesley So, eine kleine Falle zuschnappen. Wie?

Lösung: 1...Tf1+! (Ein gewiss schockierenderer Zug für Wesley So, der in dieser Partie lange im Vorteil gewesen war. Doch nun blieb ihm, angesichts 2.Kxf1 Df2 matt, nur noch die sofortige Kapitulation.) **0:1.**

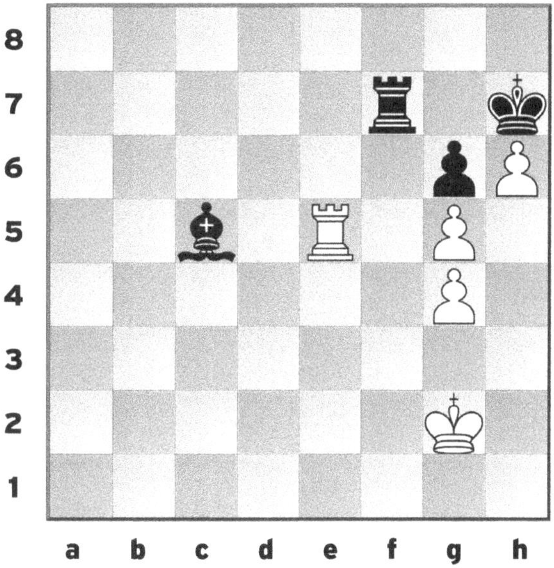

Vietnamesischer Carlsen

Ehrlich gesagt dachte unsereins bei „Schach in Asien“ immer erst an Indien und China, Länder also, in denen Schach recht populär geworden ist. Natürlich auch an Russland und die asiatischen GUS-Länder. Doch wie spielen sie eigentlich in Vietnam? Keine Ahnung.

Diese Wissenslücke schließt sich nun zum Glück – hauptverantwortlich dafür ist Le Quang Liem, ein 19-jähriger Großmeister, den manche für den „vietnamesischen Carlsen“ halten. Der Vergleich mit der Nummer eins der Welt ist kaum übertrieben, wenn man Liems Partien sieht: Hier manövriert ein reifer Stratege und mutiger Taktiker, der selbst Hochkompliziertes präzise berechnet. Beim Aeroflot-Open in Moskau hat Liem einige namhafte Profis besiegt (u. a. Etienne Bacrot) und das bestbesetzte Open der Welt schließlich sogar gewonnen! Damit qualifizierte er sich zugleich fürs Topturnier in Dortmund. Unmittelbar vor seinem Coup im Aeroflot-Turnier hatte Le Quang Liem bereits bei einem anderen Open in Moskau stark aufgespielt. Wie gewann er mit Schwarz gegen Nikolai Efanow?

Lösung: 1...Tf2+! (Erzwingt den wichtigen Turmtausch.) **2.Kh1** (Nach vorn durfte er nicht, wegen 2...Ld6. Und 2.Kg1 scheiterte an 2...Tf5+!) **2...Th2+!** (Nur so!) **3.Kxh2 Ld6 4.Kg2 Lxe5 5.Kf3 Lb2** (Weiß gab auf. Er verliert alle Bauern und am Ende läuft der schwarze Bauer, z. B. 6.Kg3 Lc1 7.Kh4 Ld2 usw.) **0:1.**

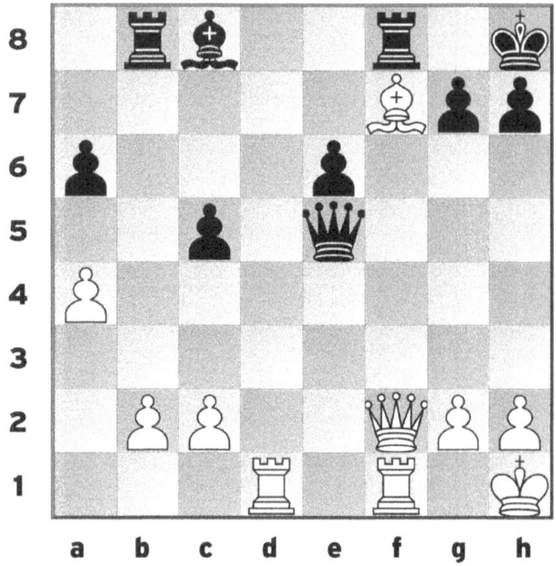

Vitaminreiches vom Weltmeister

Bestimmt löst Viswanathan Anand in diesen Wochen wieder hunderte Schachrätsel. Abend für Abend mindestens fünf Stück, wie er es vor wichtigen Anlässen immer zu tun pflegt. Mattkombinationen, Endspielstudien und dergleichen mehr. Der Weltmeister versorgt sein Gehirn sozusagen mit kombinatorischen Vitaminen, auf dass es im entscheidenden Moment angeregt arbeiten möge. Im April soll Anand seinen Weltmeistertitel in Bulgariens Hauptstadt Sofia verteidigen, in der Heimat seines Herausforderers, Wesselin Topalow. Dieser gab neulich noch einmal ein Zeugnis seiner Gefährlichkeit ab, mit einem Turniersieg in Linares/Spanien.

Und auch Anand hat soeben seine letzte öffentliche Partie vor dem WM-Kampf gespielt. Dabei zeigte der Inder, am ersten Brett des Deutschen Meisters OSG Baden-Baden, wie gut er in Schwung ist. Mit einigen „vitaminreichen" Kraftzügen bezwang Anand, indem er oben als Weißer die schwarze Grundreihenschwäche fein betonte, Hamburgs Polen Robert Kempinski. Wie?

Lösung: 1.Lg6! Tg8 (Nicht 1...Txf2? 2.Td8+. Wie schwach die schwarze Grundreihe ist, zeigte sich auch bei 1...Df6 2.De2!, z. B. 2...De7 3.Dh5 h6 4.Dh4! Txf1+ 5.Txf1 Dd6 6.Dg3! e5 7.Dxe5!) **2.Lxh7! Kxh7 3.Dh4+ Kg6 4.Td3!** (Idee Tg3+) **4...Dh5 5.Tg3+** (Schwarz kapitulierte; auf 5...Kh6 gewinnt 6.Df4+.) **1:0.**

Gebrauchsanweisung für Einsteiger

Notationszeichen

K	=	König
D	=	Dame
T	=	Turm
L	=	Läufer
S	=	Springer
+	=	Schachgebot
x	=	etwas wird geschlagen
!	=	starker Zug
?!	=	zweifelhafter Zug
?	=	schwacher Zug
??	=	grober Fehler
1:0	=	Weiß hat gewonnen
0:1	=	Schwarz hat gewonnen

Die Lösung einer Aufgabe steht jeweils „über Kopf" auf derselben Seite. Die tatsächlich gespielten Züge sind fett gedruckt. In Klammern stehen Erläuterungen zu diesen Zügen; dabei werden verborgene Ideen aufgezeigt beziehungsweise alternative Spielmöglichkeiten, die denkbar gewesen wären, aber in der Partie nicht aufs Brett kamen.

Beispiele

- Bei den in Kurznotation aufgeführten Lösungen wird stets das Zielfeld einer Figur genannt, das man mithilfe der Koordinaten am Brettrand leicht herausfinden kann. Zum Beispiel bedeutet 1.Td1, dass Weiß, ausgehend von der Diagrammstellung, im ersten Zug seinen Turm aufs Feld d1 stellt. Könnten zufällig beide weiße Türme aufs Feld d1 ziehen, sagen wir einer von a1 und einer von f1, dann wiese 1.Tad1 darauf hin, dass hier der Turm von a1 nach d1 geht.

- In der Notationsfolge 1...Sxd1! zeigen die drei Auslassungspunkte, dass hier Schwarz (nicht Weiß) den ersten Zug ausgeführt hat, und zwar hat der Springer eine weiße, auf dem Feld d1 stehende Figur geschlagen (am „x" zu erkennen). Und dabei handelte es sich offenbar um einen starken Zug (am „!" zu erkennen).

- Bauern sind die einzigen Figuren, die nicht mit einem Großbuchstaben abgekürzt werden. Im Fall von 1.c7 hat ein Bauer aufs Feld c7 gezogen. Erreicht ein Bauer die gegnerische Grundreihe, verdeutlicht ein Großbuchstabe am Ende, in welche Figur sich dieser Bauer umwandelt: 2.c8D bedeutet zum Beispiel, der weiße Bauer zieht aufs Feld c8 und wandelt sich dort in eine Dame um (am „D" zu erkennen), während bei 3...f1S+ im dritten Zug ein (schwarzer) Bauer aufs Feld f1 zieht und in einen Springer umgewandelt wird, obendrein mit Schachgebot (am „+" zu erkennen).

Der Autor

Martin Breutigam, geboren 1965 in Bremen, ist ein Internationaler Meister im Schach und langjähriger Bundesligaspieler. Er hat mehrere Schachbücher veröffentlicht und arbeitet als freier Journalist u.a. für die *Süddeutsche Zeitung* und den *Tagesspiegel.*